スマート経営のすすめ

ベンチャー精神とイノベーションで生き抜く！

野澤宗二郎

はじめに

シルクロードでは、古代から交易が盛んにおこなわれ、拠点都市ごとに市場が形成され、多数の商品が交換されさぞ賑わったことだろう。当時は、海上よりも陸上での取引が先行したのは、いうまでもなく、船舶の技術開発と大型化や航海技術の向上を待たなければならなかったことが挙げられる。それでも、希少価値のある商品や必需品を定期的に交換する、そのサイクルこそが取引の最大の目的であり、お互いの利益を十分に満たすものであったと考えられる。当時は取引規模の大きさに関しては、輸送能力や人口、経済規模などからして限界があったとしても、今日の国際的ビジネス活動の先駆けであったことは、輝かしい史実として脳裏に浮かんでくる。

その後、中世以降の大航海時代に進むと海上輸送力が大幅に改善され、陸と海の双方から取引可能となり、必然的に貿易相手国も増大し取扱商品も拡大した。ただ、そこには、武力行為や略奪行為などがあったのは残念ではあるが、それ以外に、先進的で異質な文化や未知の商品の発見と交流など、さまざまな変化と成果をもたらした。当然のこととして、ビジネス活動の活性化にもつながり、その流れが、産業革命誘発へと結びつき、一気に企業中心の近代的活動場面へと、移り変わってきた。

その推進力になった要因の一つは、株式会社制度の普及であり、取引形態や決済手段と金融市場の整備拡大など、サポート体制作りが進められたことである。もう一つは、資本主義体制の浸透であり、自由競争を基本にしてひたすら経済規模を拡大するシステムの浸透による影響力である。ひところ、社会主義体制も対抗軸として勢力競争に加わっていたが、今では影を潜めている状態である。未だ、研究者も信奉者も見受けられるが、市場ニーズの変化とコントロール機能の整備が、追い付かなかったからである。

そして、資本主義体制を推進する中核にはアメリカが座り、その周りをヨーロッパ諸国が取り囲んでいる構図であった。日本はアジアでは唯一、何とか仲間入りをさせてもらったのが実態といえよう。もちろん、ビジネスモデルといえばアメリカモデルが常識であり、一時的に日本的経営などともてはやされたこともあるが、今では、そんな言葉もあまり聞かれなくなっている。結論的には、経営モデル・パターンとは、大きく成功を収め、受け入れられ、定着することで認識され、波及効果をもたらす役割を担ってきたと考えられる。

ともかく、産業活動と科学技術の進展やグローバル環境が整ったことで、地球上の多数の国に資本主義体制が定着し生活環境を大きく変化させてきた。それらの企業組織を運営管理することを、経営もしくはマネジメント、あるいはビジネスなどの言葉で表現されている。どの用語を使うかは人それぞれであり、それほど、明確に定義されている訳ではない。その一方で、時代のニーズを先取りし、企業の設立や組織体の在り方に自由度が増し、意思があれば誰でも少ない資金で挑戦できる道が開かれたことで、新規参入を容易にさせ競争を活発化させるチャンスが広がったことである。また、ＩＴ化に伴う情報化のうねりやネット通販の拡大、情報ネットワークによる消費者の意識改革など、社会生活全般が急速に変革していることも、要件として挙げることができる。

本書は、経営に関する時代的変遷を、経営スタイルまたはビジネスパターンとして枠づけし、それらの手法を分析する過程で、経営の時代的背景と社会的ニーズに対処してきた実態を探り出し、今後の経営に活かせるのではと考えたことが、起点になっている。これまでの、経営機能に関する多数の論点や事例に学びつつも、さらに別な視点から時代の動向と市場のニーズを先取りし、現実型の経営をめざす姿勢の重視と新たな筋道を探り出すことをめざしたものである。結果的に、現在までの経営パターンの転換と実態は、ほとんどがアメリカ式経営の導入と展開に終始しているため、その他の要件としてあまり触れられることの少ない、自然環境や植物との関わりの重要性、工場式農業経営や京都式経営、流通論や新資本主義論などいささか趣が異なるテーマも組み入れている。

そして、前半では、経営パターンへ移行する前提要件や資本主義の成熟化による、組織が大型化され過ぎた弊害やエネルギー問題などにも触れている。後半では経験的視点と実践感覚を優先させた各種パターンにアプローチし、同時に、大きなうねりとなって先行している人工知能ロボット化やビッグデータに代表されるモノから情報への、大きな変革の流れにも焦点を当てている。その動きを新たにスマート経営と表現し、まとめてみた。結論的に、さらなる消費者優先社会の必然性と技術や文化の融合化が進むことの重要性などについても、角度を変えた視点から取り上げている。

野澤宗二郎

目次

パート1
これまでのビジネススタイル

1章　活動の源泉はエネルギー

エネルギー資源の重要性

ハワイ島のマウナケア山には、日本の天文台があり、すばる望遠鏡が設置されていることで良く知られている。この山の標高は４２０５ｍなのだが、海底からは1万２０３ｍもあり、世界最高峰だといわれている。ただ、海抜による基準とは評価尺度が異なるのだから、エベレストの地位が脅かされることも、大いに盛り上がっている訳でもなさそうである。それはともかく、この山頂から澄み切った宇宙空間を観察している、天文台担当者の偽らざる心境を、訊ねてみたい気もしてくる。

科学技術の飛躍的発展により、少し前までは暗黒の天空と考えられてきた宇宙空間が、その大枠を身近な実態としてお茶の間に届くという変わりようである。そして意外なことに、この想像することさえ困難な規模の天空や地球上に起きているさまざまな現象が、一時も休むことなく常に変化し、新たな状況へと移行している実態を知れば知るほど、興奮し驚きと好奇心が増すばかりといえよう。

これまで、人知の及ばない自然現象だからと、あまり意識せず単純に無意識的に受け入れてきた事柄が、これほどまでに身近に感じられ、しかも、宇宙の深淵な生い立ちや解明が進むにつれ、生命に関わる意味づけも一層鮮明に把握できるまでになったのだから驚かされる。しかも、宇宙は地球の生みの親であるはずなのに、はるか遠い存在であり人類にとっては永遠の憧れであり、かつ挑戦目標であることに変わりはなく、双方の生命が続く限り淀みなく連綿と保持されていくのだろう。

さらに、少し希望的観測を加え、思いを巡らせてみると、変化が起こる要因には、必ず起爆剤となる各種エネルギーが、複雑に交錯しミックスされ動的変化を誘発していることから知ることができる。言い換えれば、宇宙上のあらゆる事象は、重力という動的エネルギーの大小によって、引き起こされていること。つまり、エネルギーの移動を伴わない事象など、どこにもあり得ないからである。これを、もっと身近な生き物を対象に絞って考えてみると、常態的に視覚で感じ取れる現象を観察するだけで、理解することができる。暗くなると電燈が点り、地震が発生すると揺れを感じる。そして、夏になれば気温が上昇するなど季節の移り変わりも、小鳥のさえずりや小さな虫の動きにも、エネルギー変化による連鎖が起因になっていることが、確かな裏付けになっている。

特に人にとって重要なことは、日々の生活に欠かせない各種エネルギー源を確保することこそ、「生命を維持する原点」であり、まずは食料と住む場所の確保が最優先であった、当時の環境や苦労が思いやられる。そして、時間の経過につれ社会活動も活発になり、同時に衣類や乗り物そして食べ物なども多彩になり、便利さが増えた分と並行して各種エネルギー消費量も増加する。そのため、新たなエネルギー源を確保する手段や工夫が、必ず付いて回っている。生活が複雑になると欲望も増し、争いごとが増えれば、その分だけエネルギー消費量も増加する。それを、別な面から考えると、時間経過による変化も一つの進化もしくは退化であり、止めることのできない自然の流れに沿った、基本的動きとしてとらえることができる。

現代人は、朝から夜までの生活活動から睡眠にいたる日常生活の繰り返しと、生きるための食料の確保、各人それぞれの生産活動やサービス提供などを通じ、生計を立てている。もちろん、生物や他の動物にとっても限りある生命を維持するために、同じくエネルギーのインプットに始まり必然的にアウトプットにつながる動作が、繰り返されていることに変わりがない。これこそ、エネルギー循環活動そのものであり、生きている具体的で何よりの証であり、かつ、人類との共生の大切さを意味している。

しかも、動植物からのアウトプットを人がインプットし、お互いが生きるためにエネルギーを効果的に交換し合うことができれば、持続的な環境条件を維持することは可能なはずである。その相互関係が崩れ均衡条件を維持できなくなると、やがて、自然界のサイクルが壊れ、新たなウイルスの攻撃や強烈なサイクロンに見舞われたりする。結果的に、大事な資源の無駄遣いが避けられなくなり、エネルギー効率の低下を招き負のサイクルに落ち込む事態に、しばしば直面してきた事例などが物語っている。

ここで、宇宙全体のエネルギーについて、物理学の原則論では「エントロピーの法則」として説明されている。その意味は分かったようで分かりにくく、人により解釈の仕方に違いがあるように感じられるが、次の定義を参考までに取り上げておきたい。

熱力学の第一法則・宇宙における物質とエネルギーの総和は一定で、決して創成したり消滅することはない。また、物質が変化するのは、その形態だけで本質が変わることはない。

熱力学の第二法則・物質とエネルギーは一つの方向のみに、すなわち使用可能なものから使用不可能なものへ、あるいは、秩序化されたものから、無秩序化されたものへと変化する。

広大な宇宙からすると、小さな地球上での出来事など大きな流れの中の一コマに過ぎず、本質的には何ら影響を及ぼさなくても、整然とエネルギーは伝わり続けていることの意味ではないだろうか。

本論に戻り、人類は、エネルギー源としての化石燃料を、近い将来枯渇させようとしている。以前ほど議論は高まっていないが、石油などの化石燃料の枯渇年数説も、動植物や微生物などから生成されるとする有機起源説と炭化水素が高圧・高熱などで変質したものとする無機起源説とに分かれ、どちらの説が正しいのか確定されておらず、それだけに何かと議論を呼んでいる。どちらの説であっても、石油の埋蔵量には限界があることは確かだけに、楽観的に見積もったとしても、せいぜい、この先、数十年説が妥当ではないだろうか。

また、化石燃料の燃焼により二酸化炭素を放出し、地球の大気の組成を変えてきた、いわゆる、温室効果ガス問題を避けて通れない。その代替エネルギー資源として注目されているバイオエタノールや再生可能エネルギーなども、環境問題や飼料と食糧問題・土地と水への配慮など連鎖的課題も無視できず、期待が大きな割に思ったほどの成果は上がらず、予想よりも苦戦しているのが実態である。

その主要因は、資源の継続的供給に課題があること。また、太陽光や世界有数の火山国の日本に有利とする説もある地熱発電、海洋国として有利なはずの風力発電なども、それぞれに課題を抱え込んでいて見通しは決して明るくない。頼みの原子力発電も、福島第一原子力発電所の事故以来、聞く耳を持たない層の反対意見が根強く、緊急対策として火力発電復元頼りの現状は、コスト面と環境面からして期待できそうにない。このように、大量に持続的でしかも日常的に供給でききコスト的に安く、環境面でも有望な代替エネルギー資源など、簡単に探し出せないことは明らかである。現状の、自然相手のケースでは、希望的数値を織り込んだメリットばかりに目がいき、リスクやコスト、持続性に関する問題点を見逃しているからである。

ただ、アメリカで生産が始まり期待されている新化石燃料・シェールオイル革命への注目度は高く、久しぶりに石油生産世界一の座をも獲得したが、早くもコスト面や環境面から赤信号が点っている。石油より地層深くから吸い上げる手法であるため、設備投資費用が膨らみ大手企業でないと資金手当てができないことに加え、このところの健康被害に対する反対運動の広がり、作業工程のなかで使用される水圧水による地下水の汚染不安、産出量の限界など甘い話ばかりではなく、早くもバブルの危険性が聞こえたりし、足元を揺るがせている。

それにしても世界は広い、イランのザクロス山脈（総延長２０００㎞）には、２０００年前から天然ガスが燃え続けている場所があり、地下資源の少ない島国の住人からすると羨ましい光景に映ってしまうが、考えてみると、地球自身の鼓動と内蔵するエネルギーの燃焼であるだけに、いつどんな形で収束するのか知る由もないが、とにかく、地球の生命が続く限り、息の長いストーリーになることは確かである。しかも、噴火活動によるマグマのエネルギーに比べれば、小さな現象に過ぎず、驚くほどのことでもないらしい。

最終的には、エネルギー資源に関する難問は、高度な科学技術の進展を信じウルトラCの技で、環境破壊をしない新たな特定資源の発見を待つしか、早急な解決策は見当たりそうにない。それは、水素エネルギーや窒素エネルギーなのだろうか。もしくは、夢みたいな宇宙太陽光発電の時代が実現するのだろうか。それにしても、これだけの物体と生物が生息できる地球環境の枠組みは、どのような動的経緯のもとに創出されたのか、考えるだけでわくわくさせられる。しかも、魅力的で壮大なドラマが、何億年も連綿と休むことなく宇宙空間に繰り広げられていることに、異論を挟む余地がないのだから、人類が小さな存在であることの再確認につながってしまう。

しかし、長いこと宇宙は畏敬と迷信の対象であったものから、今日の科学的知見の向上や科学技術の高まり、併せてコンピュータ性能の飛躍的発展により、高度なシミュレーション解析などが可能になり、これまで考えられなかった多くの論点から予測や分析がなされ、多大な成果を挙げている。その実態を踏まえ多方面から警鐘が打ち鳴らされ、それに伴い課題認識が深まり、国際的協力と対策が浸透しつつあるのは、大きな前進といえよう。日本も参画している国際宇宙ステーションでの共同研究なども、代表的な事例といえよう。

ただ、この作業を進めるには膨大な費用が掛かることは避けられず、終わりなき研究開発であることから、費用対効果に関する疑念を切り離すことはできない。ＵＦＯとは異なり、将来、他の宇宙から宇宙人・エイリアンでも現われたら、騒然となり、局面はがらりと変わり、対策を急ぐことだろう。そして、後からやってきそうな何物か（人工知能ロボット等）の英知に、夢を託すことになるのかも知れない。ところで、すべての物事には、表と裏の面が必ず付いて回ることを念頭に置き、今後の各種経営パターンを見つめてみたい。宇宙開発のケースでは、ロマンと宇宙物理学などの貢献を表の面とすれば、コスト捻出や期待ほどの技術成果が得られない場合は、裏の面と捉えることができる。もしくは、宇宙空間の物体などとの衝突によるアクシデントも考えられる。

それ以上に大事な当面のテーマは、宇宙への夢も大切であるが、地球の住人として取り組まなければならない大きな課題は、地球環境を破壊させないこと。この課題に関する論点は、常に議論百出であり、環境汚染そのものに関しても、人工災害なのか自然現象に近いものなのかなど、見解の隔たりはなかなか埋まらない。それだけ、対象が巨大空間と複雑怪奇であり、しかも、適時変化していることが大きく関係している。

さらに問題を難しくしている要因として、小さな地球上では、人の心理面と欲望が大きな壁として立ちはだかり、科学的知見を後に追いやってしまうケースが、随所に見受けられることである。もちろん、科学技術も時代とともに進化・発展も一因であるとはいえ、それ以上に政治的配慮と世論による圧力、大企業の横やりなど、正論よりも決定に至る利益誘導型手法に左右されている実態に、メスを入れる必要性が強く感じられる。これまで、あまりにも自己本位で利益誘導的であった状態から、先手必勝の精神で、一歩でも二歩でも予防的対策を打ち出すことが、宇宙からそして地球全体に及ぼす負荷の削減につながることは、間違いないからである。要因はともあれ、将来への方向性に結び付けられる時間は、限りなく少ないとの認識が強く求められているのは確かであろう。

何といっても、そのベースになるのは、分野を超えた諸科学の融合による知の集積と相乗効果であり、これまでに浮上している諸課題を多様で柔軟な発想のもとに分析し、無駄な制約は可能な限り撤廃すること。自律精神を尊重する自己組織化の考え方の活用に方向転換の舵を切るしか、解決への道がないこと。さらに、間違った人間優位の思想を見直し、生物全体にとって必須の要件でもある、自然現象からの災害パワーを回避できる方策を実行に移すことが、直接的ダメージの軽減につながるものと信じたい。

さて、ここまでのエネルギーに関する観点を、ビジネス活動に当てはめてみると、よい経営組織とは、「エネルギー効率がよい」組織であると言い換えることができる。投入されたエネルギーが、最少のロスで最高のアウトプットを生み出すことを現わしているからである。その反対は、エネルギーロスが多くなり、成果に結びつかないことを意味している。この状態は、重力の均衡状態の崩れと考えることができよう。もちろん、すべて、単線的な考え方が通用するほど、人間模様が複線的に加わる企業経営の場合は簡単ではない。しかし、人と資金、技術力と製品に加えマネジメント力がミックスされ、総合力を発揮できればエネルギー効率が向上し、社会的貢献や環境面での成果も期待でき、企業業績も高い評価を得られるはずである。

経営パワーの変化

ここからは、本来のネライである変わり身の速いビジネスの世界における、マネジメント思想とビジネスパターンは、国家の誕生から産業革命以降どのように転換してきたのか考えてみたい。つい最近まで、ほとんどの論点が、技術革新への取り組みと環境問題が主題であった流れから、競争関係のグローバル化、中国の台頭と新興国の急速成長、コンピュータ主体のネットワーク化、世界を飛び回る巨額の投機マネーと人口増加、新規の起業家の参入、格差社会などと目まぐるしく変転してきたプロセスがある。

さらに、このところの、ビジネスモデルと呼ばれる経営スタイルの変化が速すぎるため、従来の枠組みでは捉えきれなくなり、実践の場で成功を収めた手法を検証し、理論を後付けする傾向が見られるほど、流動的になっていること。その要因として、競合企業が多彩になったことと、製品機能の質的転換の速さ、それに、ＩＴ化とネットワーク社会への構造変化に加え、独自のマネジメントパターンがあちこちで見られるようになったこと。また、個人のコミュニケーションツールとしてのＳＮＳ等によるソーシャルなネットワーク方式が浸透し、多彩で膨大な情報が飛び交うことから社会的影響力を持つまでに進展していること。さらに、個人の参画意識の促進や企業のホームページに採用されるなど、経営認識にまで影響を与える成功モデルとして、定着していることなどである。

並行する動きとして、社会状況の変化や人々の願望・ニーズの多様化と個性表現が、日常的に可能になったことで、休むことなくスキルアップされる状況を間断なくキャッチしていないと、置き去りにされる危機感さえ感じてしまうことである。もちろん、何事にも少数派や無関心なタイプの人と、関心があっても恩恵にあずかることができない人など、対処の仕方にも個人差があること。結果的に、一律的でなく多様であるからこそ新たな関係が生まれ、創造力の開発につながる可能性の芽が潜んでいる視点も、見逃すことができない。

このように、現実を取り巻く環境は絶えず流動しむしろ過熱気味であり、その分、エネルギー消費が急速に増大し、並行的に国の内外から、個による情報発信が巨大な情報源となり、ビジネス動向に影響力を及ぼしている流れを的確に把握し、先手必勝で臨まなければ、発展的関係が生まれてこない。たとえば、新製品に対する需要動向の見通し、新規参入企業の動き、株主構成の内外比率の変動やファンドマネーの動静など、もはや、そこには国境は関係なく、自由奔放な競争関係が繰り広げられている現状が、明確に物語っている。

ただその分、反動的ともいえる認識転換への対策の遅れや、これまでの常識を逸脱した社会的トラブルの増加など、判断に苦慮するような難題が次々と飛び込んでくることが、新たな懸念材料でもある。利益重視や便利さだけが先行し、もっとも重要な人的側面と精神面への配慮が欠けているのか、その点は注意深く見守る必要がある。年代的な区分けや人的多様性の受け入れなども考慮に入れ、過度に敏感になるよりも足元を見つめ謙虚さを忘れず、絶えず冷静な視点を持ち続け、変化に伴う本質的なニーズに対処できる、ブレの少ない経営姿勢がカギを握っていると考えられる。

この点をビジネスの場面に置き換えると、意欲的な挑戦が求められるイノベーションの重要性に関しても、安全性や省エネなど環境対策をベースにした製品開発が、基本に置かれるのは当然なことである。国際的な競争パターンも、自己本位の直線型スタイルでなく、周囲との協調をめざす複線型スタイルの到達点を指向し、しかも、オープンにシビアな形で進行するのは必至の情勢である。もちろんこの問題は、人類が生存していく限りすべての領域にわたり連携関係を強化し、エネルギーロスをなくし、相互利益社会をめざす動きが求められるからである。

もう一つの観点は、絶滅危惧種を減らす対策や森林資源の保全など、幅広い取り組みがさらに重みを増すことであり、自然災害が頻発している今こそ、経済優先意識を転換させ、環境優先への迅速な対応策に切り替えるチャンスである。ただ、絶滅危惧種対応は、密猟や貧困問題、気候変動と人災などが関係しているだけに、簡単に解決できそうにないのが気に掛かる。むしろ、将来、人類自体が、絶滅危惧種の対象になる危険性も、頭ごなしに否定することはできない。

そして、ネットワーク時代を生きる生活環境の急激な変化、ビジネススタイルや経営者意識の時代的対応と、パートナーである従業員との共創的環境整備など、あるべき姿と現実とのギャップを埋める努力に限界は見当たらない。最終的には、働いている人々、すなわち、この世に生を受けた人全員が物質的ばかりではなく精神的満足度を得られる環境づくりとは、いかにあるべきかなど、万全な議論を尽くすことは至難の業であっても、粘り強く前進することで、解決策が見えてくると理解したい。

なぜなら、世界の人口がここまで膨張し、その分、最も困難で多様な課題に直面していて、その将来図を統計数値や方程式で表現できたとしても、厳しい実態の前には表面的な気休めに終わりかねない。それでも諦めることなく、過度に入れ込まず、多面的で多様なビジネスイノベーションの積み上げが、ここまで人類を進化させてきた事実であることも再確認したい。これだけ人口過多の時代における集団管理とは、バランスの取れた英知と前向きな意識の必要性を忘れず、歪みのない協調と自然環境の尊厳、本来的な人間としてのあるべき姿を追い求めることで、明日への発展の道は開かれると信じたい。

同時に、ビジネスの世界も人工知能研究や知性の時代にふさわしく、広い分野から学び融合させ、自然との調和を図りつつ、オープンマインドによる改革をめざす努力を怠ることはできない。また、人工知能ロボットが、人の仕事を代替する時代が間近に迫っていることも念頭に置き、それでも、自由闊達で抑圧されない新しい芽が次々に生み出される環境こそ、願ってもない展開といえるだろう。つまり、継続性こそが組織が生きていることの証であり、持続的活動を維持できる必要条件であることは明らかであり、人間社会が今日まで成長してきた、何よりの意義と実態を表現している。

できるならば、生命が躍動し有効にエネルギーを活用し、持続的変革につながる有用な時間と明日への希望が膨らみ、夢と勇気を与えてくれる、そんな世界観が浸透してほしい。命あることの大切さとは、片務的労働の強要や武力による弾圧などにより、その場しのぎの詭弁で取り繕うことなど、人類が現存している歴史的プロセスからすれば、取るに足らない空論に過ぎなくなってしまう。生命が無ければ馬の耳に念仏と同じであり、まして、枯れ木に花が咲くこともないのだから、今がさらに大切になる。

ここまで人類が進化し、やがて経済活動を拡大することに目覚め、万全ではなくても豊かさを求め続けられたのも、地球の貴重な財産を無断で浪費することで成り立ってきた側面も忘れることはできない。もちろん、産業革命や資本主義と大企業の思惑などが主たる原因だとは、単純に言い切れるわけではなく、積み上げられた技術革新の成果や生活の質を上げ快適な生活を追い求めてきた進化形が、今日の経済活動の実態なのだと、苦しい詭弁に終始しがちである。さらに、文化や趣味娯楽、都市開発、道路整備や農地開発のための森林伐採、化学薬品の使用など因果関係をあらゆる側面から精査しなければ、納得のいく解答にたどり着けるものではない。

人口増加と情報発信パワー、際限ない欲望の暴発、政治コントロールの不全、世界的な人口増加と技術革新による大量生産と大量消費という生産者と消費者意識の変化。あるいは知識の集積や言語の発達、数量的把握意識の発達、ないしは物理的・数学的知識の著しい進化と発展。そして、科学技術、住居や医学の進化など複合的な要因が時間差で蓄積され、現代の生活スタイルにまでブレークスルーできたと、前向きに受け入れ評価する方が賢明な選択といえよう。つまりは、動きのある組織パターンこそ、さまざまな変化に耐えられる持続的スタイルであり、明日の夢実現の目安になる最善の方策でもあるからだ。

2章　ビジネススタイルと人間の特性

変化とスピード

近年の、ダイナミックでスピード感のある情報機器等の進化は、新たなパラダイムの転回といえるほどの変わりようであり、内容やスケールにおいても類を見ないほど劇的で刺激的変化の真っただ中に放り出されている感じである。常に引用されてきた「ムーアの法則」のように、集積回路上のトランジスタの数は、2年ごとに2倍になるという発見通り、今後の新技術開発の流れも同じような展開になっていくのだろうか。この法則は、あらゆるものがより強力に、より安く、より小さくなり続けることを意味しているという。この事実も、人類の進化による大きな成果であり、いわゆる、知識の集積効果によるスピードアップが可能になったことが、大きく寄与しているらしい。

この動きは、今後さらに加速化されるのは明らかであり、これまで以上に、思いもつかない革新的変革が待ち受けていることだろう。それだけに、進展が速すぎて不安を覚えている人の割合が増すことや、変化をあまり歓迎しないグループの増加など、時代が進むほど受け手の多極化傾向を抑えるのは、困難になることは避けられない。つまり、Ｗｅｂ難民の表現が取りざたされているように、これだけの世界人口を抱えていて、しかも、それぞれの意識が異なるのが当然の人間社会は、無個性で同じように考え行動することなど、あり得ないからだ。地域特性や、産業発展のプロセス、それに経済発展と経済格差などは、いつの時代にも、制御も肯定もできないデリケートで難しい課題として、絶え間なく蒸し返されるテーマだからである。

それに引き換え、並行的に、食糧品や医療など健康志向への関心が、異常なまで高まっている実態は、むしろ、人々が社会生活における進化の速さや技術変化に対する、ある種のジレンマと不信や不安を物語っているようにも感じ取れる。例えば、効用も定かでない製品といわれながら、サプリメント関連のコマーシャルの多さには、ほとほとうんざりさせられる。これでもかと消費者不安を掻き立てるテレビコマーシャルやＷｅｂ広告などが、無神経で頻繁に飛び込んでくる日常パターンから逃れるには、情報をシャットアウトするしか手段が見当たりそうにない。

これらの動きは、一時的現象で終わるとはとても考えられず、個をターゲットにし、心理面の弱点を巧妙にくすぐるマーケティング手法が、あの手この手と編み出され続けることだろう。もちろん、食料の確保は太陽と自然の恵みに感謝し、栄養価の高い収穫物から得るのが最良の手段であることは、これから先も変わる訳ではない。また、露地物や有機栽培とハウスものの野菜、天然ものか養殖の魚か、これらのせめぎ合いがなくなるとは将来的にも考えにくく、むしろ原点回帰の趣さえ感じられる。

常に、あらゆる機会を逃すまいと絶妙に広告宣伝を仕掛けてくる。そこには、巨額の宣伝費が投入され消費者をあおり立てている。企業側からすれば、販売促進に欠かせない宣伝費は、年間予算に織り込まれているのは周知のことであり、計画通りの売り上げと利益が確保されれば、問題ないのだと反論されるのが落ちである。生き残りをかけた重要な戦略であり、企業中心の経済活動こそが社会を活性化させているのだという意識は、少しぐらいの批判では覆せるはずもない。

企業側にすれば、戦線を拡大し競争関係を乗り切るための、有力な手段だと信じ込んでいる節も見受けられる。大手企業の役割は、自分たちが社会の改革者なのだと密かに思いこんでいる、そんな皮肉もいいたくなってしまう。消費者にしても、経済成長期に規模拡大とメーカー主導のマーケティング手法に対して、批判論が盛り上がったころの雰囲気は感じられない。むしろ、情報を得やすくなり選択肢が増えた分、メーカー情報だけに振り回されなくなったことが、幸いしていると考えられる。

ただ、大企業組織の優位性や資金力、知的資産と政官による側面サポートなどにより、上手の手から水が漏れる事態など、スキャンダルでも発生しない限り、一般的には起こりそうにない。それでも、規制からはみ出すケースや、しばしば引き起こされているスキャンダルなどを予測することは、困難な作業であることに変わりがない。ただ、外部からは完璧に見えても内部に手抜きがあれば、表面化するケースが多くなっているだけに、少し我慢して天祐を待つことにしよう。

しかし、これだけ社会生活が便利になっても、食への安全願望と健康で長生きしたい思いは、むしろ病的でさえある。有機野菜信奉や魚を中心にした食生活、医療費がかさむばかりの多種類薬品漬け。医者の巧みなビジネスモデルに誘導され頻繁に病院通いし、その上、精神的不安を少しでも減らそうと、すがり付きたくなる気持ちを救ってくれそうな身近で手頃な商品が、補助食品としてのサプリメントの存在だろう。便利な時代になっても、いつまでも健康で長生きしたい願望と、精神的不安を解消できそうな処方箋を手に入れ、良いと感じた手段は何でも試してみるのが、情報過多時代の人心特性なのだから、野暮な説得などを聞く耳は持つとも思えない。人の心は弱いものだ。

主婦層に見られる、医師の診断と助言をとことん信じてしまう意識構造は、いくら時代が進んでも簡単に変わるものではない。その一方で、医師への力量や巡りあわせなどに対する不信感は、以前に増して強くなっている。しかし、医療機関の経営も先端医療機器の導入は欠かせないにしても、健全経営を維持するために意識を切り替え、ビジネスマインドを持ち、赤字経営をなくし、患者目線の姿勢を持続させる必要性が、高くなるのは抗しがたい流れでもある。

昨今は、新たな医療情報に触れる機会が多くなり、どの情報が有効なのか判断に迷ってしまい、右往左往している状況だといえよう。マスコミに洗礼され、素人でも医者まがいの物知りが現われたりしている。誰もが持っている、健康を害した時の心理状態は、当事者でなければ汲み取ることは難しく、その不安への備えとして知識を求める典型的感情は、情報過多時代の特徴なのだから、簡単には変えられるものではない。ただ、最近の遺伝子研究の目覚ましい進歩に基づく、コンピュータ診断やロボット手術が増加している。その無機的ともいえる医療の進化は、受け止める側の意識にどう映るのか、人の感覚的意識と期待感の大きさと不安感も手伝って、大変デリケートな問題でもある。

ただ、医療機関の特権意識も、情報化の前には変化せざるを得なくなっているのが、せめてもの救いなのだろう。

日本の国民皆保険制度は、世界的にも誇れるものでもある。しかし、国の年間医療費も40兆円以上にも膨らんでしまい、政府も苦しい国の財政事情からするとこれ以上の増加は容認できないため、赤字病院の統合や院内ベッド数の削減、短期入院や診療回数減などの対策を進めている。医療の高度化は不可欠であっても、診療の長期化や病院のサロン化も悩みの種である。このように、医療法人の経営感覚導入の必要性は理解できても、プラスの側面とマイナスの側面とから対策を立てなければ、双方の対立構造を解決する決め手にならず、過去の経緯から推測して、厳しい状況から抜け出し妥協的解答に近づけるためには、政治的解決に頼るしか方法は見当たりそうにない。

さて、近代化とコンピュータ化の波、このせわしなさの根源を簡潔にかつ好意的に表現してみると、当然、諸説があるにせよ、人類にとって350万年といわれているとてつもなく長い歴史の過程を通して積み上げられた、知識ストックの延長線上にある「成果と便益」なのだと素直に評価できるだろう。また、人類がここまで進化できたのも、言葉による意思疎通を可能にしたこと、文字を覚え知識の継続ができたこと。さらに、火を使い料理して食べることを知ったからだとの指摘は、かなり説得力と信憑性が感じられる。
あるいはまた、個人の観点に立てば、否定的姿勢だけ主張するよりも、すべての物事は、あくまで進化し変化するのだからと楽観的に解釈すること。悲観的になって心を悩ますよりも、利点を柔軟に評価し生活をエンジョイする姿勢の方が、時代的恩恵に浴すことができ、満足感が得られるとの認識の方がむしろ健康的であり、前向きな生き方ではないだろうか。ともかくこの時代は、モバイル機器に象徴されるスピードアップ感と、有史以来の画期的な局面を切り拓いてきた、紛れもない事実を少しでも正しく認識し、実態としての便利さを脚色することなく、受け入れる努力が必要とされている。

もちろん、現実には、経済活動が世界的に拡大するにつれ、物の動きが活発になり、情報が飛び交う頻度が格段に高まっている。加えて、人の交流が盛んになることで社会も豊かになるという考え方が一般的であり、国際的にも歓迎すべき傾向として推奨されている。それだけ豊かさが増したことと、新興国の経済成長により海外旅行者の増加が後押ししてくれている。日本の観光立国宣言もその具体例であり、日本人が忘れかけていた良さを知ってもらい、海外の多くの人々と接触できる機会が増え、違和感が少なくなっているのが大きな成果である。しかも、世界のどこからでもインターネットで観光地をチェックし、身軽に自分流のルートを決め、出かけてくる変わりようである。

ビジネスの世界でも、英語能力優先の企業が出始めている。日本人の英語に対する苦手意識を憂慮する声は相変わらずだが、数学と同様に教え方に関する課題や認識の隔たり、また、ホームステイなど子供時代の経験不足など、改善点は山ほど浮かんでくる。しかし、このグローバル時代に英語が苦手なことは確かに不利であり、特に競争が激しく、待ったなしのビジネス活動に関しては、意思決定のための情報収集力や伝達スピード観において、決定的に不利であることを否定できない。しかし、経営者意識の中には、外国語堪能者は同時に頭脳も優秀である、と思い込んでいるようにも感じ取れる。

かつて、マイクロソフトが、能力優秀者でなければ採用しなかった考え方に、オーバーラップしてくる。この姿勢は、英語が得意でなければ、特異な能力の持ち主であっても切り捨ててしまう感覚と同じである。あるいは、リーダーが優秀であれば、ルーチン業務をバックアップする人材で補完できると考えているのだろう。だとすれば、利点であるはずの、人材多様化の流れに逆行してしまうことになる。個々人が能力発揮できるタイミングやピーク時の判断など誰にもわからないからこそ、期待と楽しみが持てるのであって、窮屈な型にはめて人物評価を急ぐことは、多様性による人的効果を否定し宝の山を見失い、大きな過ちを犯す結果になり兼ねない。

近頃は、英語力不足をカバーするための翻訳機器や翻訳サイトもかなり充実し、サポート体制にも余念がない。また、英語の苦手な若手を優先的に海外に派遣し、生きた英語を身に着けさせる方法が、断然効果的である。組織は、血の濃い仲間意識だけだと、一時的にあるレベルまでは到達できても、いずれ限界点が見えてくることは、過去のケースが嫌というほど実例を残してくれている。組織の持続性は、むしろ、多様な能力を包み込める抱擁性により決まるのであって、経営者の好みで答えが決まってしまうほど、人も物事も単純だったら努力を続ける意味がなくなってしまう。

ほとんどの経済政策は、原則的には、年ごとの経済成長を前提にして組み立てられている。同様に、企業の事業計画も成長を見越して立案されている。したがって、成長が見込めないと、収支の採算が取れなくなり、赤字になる単純な構造である。経済活動が停滞すると、新たな投資活動にも前向きに取り組めず、大事なインフラ整備も滞ってしまう。それだけに、政府の経済政策に対する取り組みも、とにかく専門家会議や各種戦略会議を立ち上げ、計画倒れにならないよう、成長前提の新提案を盛り込むことに神経を使っている。それでも、国内経済は、それなりの専門家が知恵を絞りあってきたにもかかわらず、20年もの間、経済不況に苦しめられ、わずかな経済成長しか残せず、閉ざされた苦しい不毛の時期を経験している。

このところ、アベノミクス登場で回復基調にあるものの、世界経済の動向に左右される面が多いだけに、経済のカジ取りの難しさが浮き彫りになり、特に、金融政策担当の有能な人材が得られなかった、格好の事例になってしまったのは皮肉である。当事者が、組織の論理に負け、安全運転から抜け出す勇気を持たず、生きた知識を身に着けていない、通称エリートのひ弱さの見本になってしまった。民間企業ならば、とうに倒産に追い込まれていただろう。それでも、少し時間が経てば舌が乾かないうちに、特有の醜い足の引っ張り合いが始まるのにはがっかりさせられる。この状態の人間とは、時代が進んでも、目先の利益のためには過去を忘れてしまう、未成熟な動物そのものである。

経営者にとっては、長期間の不況は貴重な経験を積む機会となったものの、多角的事業展開がアダとなり、スクラップアンドビルドが遅れた企業は、後で大きな痛手を被ってしまった。しかし、経済バブルを経験するごとに、コスト削減の知恵を身に着け、海外企業とのコスト競争に耐えられる体質を強化してきた。ただ、後でも触れるように、事業規模の拡大や多角化経営も万能ではなく、むしろ、経営が複雑になり選択肢が増えた分、事後になって問題点が表面化し対応に苦労するケースが、ほとんどである。大きいことは良いことだなどと、喜んではいられない。トップの独走が、墓穴を掘ってしまうケースが多く見られるだけに、内部のチェックシステム強化が急務である。

グローバル競争の影響

不況による波及的後遺症は、グローバル競争時代の怖さを体現したものになり、生き残るための手法として、まず人員削減に踏み切る手法が、多く見られた。その上、正規社員を減らし非正規社員（40％にも達するという）を増やす戦略が浸透してしまった。人件費を削減しコスト競争を乗り切る手法として定着しつつある状況は、終身雇用に慣れ親しんできた一人として何とも割り切れない。それだけ不況の後遺症は重かったことと、競争の質の変化などから、生き残りのための苦しい決断でもあったのだろう。

その後、以前より待遇改善や正規社員に近い処遇にするなど、少しは前進が見られるものの、当事者にとっては不安定な勤務状態が、大幅に改善されたわけではないだけに、最善の解決策を探し出してほしい。競争関係を乗り切り、経営の継続性を優先することが大切なのはいうまでもないが、可能な限り多くの人に働く場を提供するのが、企業の社会的使命でもあるだけに、不安定な契約労働者やバイトなどに頼り目先を取り繕っても、結局は、経営体質の低下を招くことになり、長い目で見た時、競争関係を維持できなくなるのが落ちである。また、経済成長が見込めないと就職困難者が増加し、社会が暗くなり、犯罪が増え、人間関係もギスギスし、予想外の副作用に見舞われてしまう。

国際競争に勝ち残るため、世界的に同じような傾向が見られるが、ワークシェアリング制度を取り入れるなど先進の事例もあるのだから、時代の変化に沿った改善策が見当たらないはずがない。一方で、職務内容とのミスマッチや人手不足に悩まされ、片や、生活保護者が年毎に増えている実態も嘆かわしい。どこで、歯車がかみ合わなくなったのだろう。少しばかりの豊かさが、意識構造も狂わしてしまい、企業も過当競争と生き残りに精魂をつぎ込むのが精いっぱいで、弱者へ目配りするゆとりをなくした結果なのだろう。以前から指摘されてきた、コンピュータ化の波に乗り切れない層が増えているなど、止めることのできない、産業構造変化による影響も一因と考えられる。

人類は、他の生物には見られない、言語や計算能力などを身に着けたため、むしろ、ライバルを蹴落とす競争こそ進歩でありイノベーションであり、利益を生み出し再投資して生存権を確かにするのが、生き甲斐の源泉だとする考え方が、まかり通っているように思われる。リーダーたるアメリカ的資本主義こそ、その最たるものであり、市場原理と自由競争の精神を活かし、努力と平等を前提に勝者の論理で突っ走ることが、社会的コンセンサスとなり広く認識されている。それだけに、非難を受けるのは筋違いだとする強者の論理が受け入れられ、むしろ、イノベーションの連続による経済成長に期待の眼差しが向けられ、覆いかぶせられている。

それだけに、弱者を顧みるのは、一時的で表向きの対応に過ぎず、貧困問題や難民問題、所得格差論もさほどの盛り上がりを見せない。表向きの独占規制も国益の前には、曖昧な判断を優先させるパターンは見逃され、同じ手法でお茶を濁し、本質的な改善の動きに結びつかない。ともかく、人類が大ブレークする便法として編み出された資本主義体制が、自由競争原理という不動の原則の下で進められている実態が、真犯人というべきだろう。だが、テロ行為など社会的な不安定要因が、以前より増している現実が、強者の理論だけでは抑えきれない、社会的構造を映し出しているといえよう。この歪みを修正するには、核戦争が始まるか、未知なるエイリアンか人工知能ロボットなど現状を打破する強敵でも現われない限り不可能だという説も、もっともらしく聞こえてくる。

現実に立ち返り、ここまでの経済的進展のプロセスを振り返ってみると、60歳代以上の人たちが過渡的に経験してきた物量作戦や技術的変化の実態は、便利さを飛び越え、驚異的で想像すらできない世界の中でうごめいていると表現しても、ピント外れとはいい切れないものがある。これだけ社会環境が変化しても、大きなアクシデントに遭遇しても、人は、過ぎ去ったことは忘れがちであり、現状への不満ばかりが先行し、将来志向の客観的判断を置き去りにする、過ちを犯しがちである。それこそ、人特有の弱みと場当たり的特性の最たるものなのに、現状肯定と個の自律性を大切にし、自分なりの夢を持ち続け、粘り強く努力しないことには、評価されず消耗品にされてしまう怖さがある。

将来、他の衛星に移住する夢も否定できないほど、宇宙科学の進歩は目覚ましいものがある。だが、人間はあくまで地球上の生物であり、地球サイズの競争に組み込まれ抜け出すこともできず、まして、別個の道を選択することも不可能な大多数の人には、共通の船に相乗りしている現状を受け入れるしか、方法が見当たらない。それでも、過ぎ去ったことへの郷愁と「小さな個人」の無力感を抱くのでなく、前向きな姿勢で理想とするパターンを構築する意欲が、新たなアイデア創出に結びつけてくれるからである。早い話が誰でも宇宙行きなど不可能なのだから、尽きることのない、地球上の未知で未解決な問題の発掘や人工物の開発に、エネルギーを優先的に投入すべきである。それにしても、映像時代を象徴して画面から飛び出してくる、世界のミステリアスな映像の多彩さに刺激され啓発された印象から、改めて地球のすごさが忘れがたく思えてくる。

たとえば、これだけ時代は変化し技術革新も進んでいるのに、日常生活は本当に豊かになっているのかどうか。飽食傾向なのと食料品廃棄の増加、所得格差が拡大している理由はどこにあるのか。また、いじめ問題の多発や人間関係の希薄化などから派生するアクシデントや、これまで見落とされてきた予想外の盲点が、以前よりむしろ拡大傾向にあることも見逃しできない。科学技術の発展は、生きることの意義が高まり、日常生活の質を上げるのが本来のネライなはずなのに、質的便利さよりも利益拡大のための経済活動を優先する仕組みに踊らされているとしたら、過剰な便利さに方向感覚を失い、無駄なエネルギー浪費も対岸の問題として処理する認識と、同じ轍を踏むことに気付かなくなってしまう怖さがある。

また、一方で、あくなき技術革新による便利さを追い求め、片や体裁ばかりよくても手抜きされた製品や模造品が、堂々とまかり通り不信感を募らせたりする。その多くは後進国に見られる現象として、成長するまでの時間稼ぎと解釈すれば少しは気持ちが楽になるものの、そんな動きの先には、深刻な貧困問題が拡大する要因の一つとして浮かびあがってくる。もちろん、先進国でさえも完璧な形など夢物語でしかなく、多くの困難な課題に絶えず直面している現実こそ、社会体制の維持は一筋縄ではいかない難しさをいみじくも浮き上がらせている。また、背信行為やずるがしこさは人間社会において際立っており、いつの世にも、どこの世界にも起きる非合理な行為であるはずなのに、方程式を解くような解決策は、将来とも期待できず、苦悩から解放されることもないだろう。

さて、これまで当然のこととして個々人が、精いっぱい努力し対処し行動するのが当たり前であった事柄までが、携帯電話などモバイル機器の出現により、その役割を補完する流れが、多面的に加速している。それだけ、無駄なことは省いて必要な事柄を掘り下げていく、つまり、専門性を高め集中できるようになったと理解すれば耳障りはよいけれど、表現を変えれば、「人間本来の思考する」という大切な機能が、次第に退化するのではと心配になる。もちろん、無駄なものを見直し、効果的活動に注力し、進化しているのであれば、時代の要請に沿ったものとして納得できる。あるいは、環境変化に対応し、使わない機能は退化し、必要機能が進化するのは、動植物が生き残るための本能的な知恵なのだから、人間に必要な機能そのものも、変わりつつある兆候と解釈しても、必ずしも間違いだとはいえないことになる。

また、万物は流転しているのは確かなのだから、無生物や生物の機能が時間とともに変化するのをストップさせる試みなど、無意味でしかない。要は、事象ごとの時間軸に違いがあることが、物事の多様性と複雑さを生み出し変化する要因なのだとの認識を持たない限り、人がこの世に存在することや多数の企業が存在し切磋琢磨することの意義を、理解したことにならない。

その点、数学などの発展より人が関わる経済活動は歴史が浅く、絶えず目先の変化に翻弄されている実態から、時には不正行為が発生したり、片や、仲間を集めて既得権を死守するための圧力活動を強めたりする。補助金政策に縛られている産業の多くは、厳しい競争関係に対処する努力よりも、数の力で利益誘導を続ける呪縛から逃れようと努力しない。刷り込まれた思考力の怖さと仲間意識の愚かさは、人の習性の一つなのだから始末が悪い。また、何百年も変わらずに同じ事業を繰り返すことなど不可能に近く、自立して変化を先取りすることこそ経済行為の原点なのだから、自然な流れに背を向けても得るものはない、と考えることの方が健全で前向きである。

企業活動も、成功した事例ばかりが注目されているが、そのかげには、失敗した多くの事例があることを忘れがちになる。また、盛者必衰の喩えがあるように、予想外のミスや歴史の積み重ねに依存し過ぎた油断から、消えていった企業も後を絶たない。資本主義自体ここまで見てきたように競争が基本なのだから、ゼロサムゲーム的な消耗戦とはいわないまでも、勝ち残ることの難しさと敗軍の将の気持ちが身に染みてくる。

よくしたもので、時には、過剰サービスと思われるような予想外な業務でも、ビジネスチャンスに変えたり、使う人の怠け心をくすぐるような商品を開発したりする。また、競争関係とは無縁で、自然環境への配慮や製品に対する安全性なども十分考慮したうえでの、省力化が図られ、ゆとりある生活に関心や時間配分を心掛けているものも見受けられる。自分たちの時間を共有しコミュニケーションを豊かにし、人生を楽しむ動きもあちこちで見られるのは、現代的で歓迎すべき傾向である。便利さや楽をする意識が先行すると、物を大切にする気持ちや自然環境との調和などへの関心も、無意識的に薄れてしまうだけに、小さなゆとりと心の豊かさを失ったとき、組織も個人も荒んだ気持ちが、日々の態度に現われるから、日常性を大切にし、よもや油断は禁物である。

また、何でもカフェの動きも興味深い。現在はブーム的傾向にあるとしても、特に、主婦を中心にしたカフェ形式の活動が、新しいパターンとして注目されている。規制にとらわれず自主的な集まりとして、有意義な動きではないだろうか。共通の認識を持ってコミュニケーションを図る、今日的特色を体現した動きともいえるだろう。

助成金頼みで枠にはめられた組織活動ではなく、自分たちが興味のある活動に力を合わせ、自己責任で満足度を高め緩やかな関係づくりと、充実感を生み出す好循環効果が考えられる。何よりも、目論見も成果も自分たちのものにでき、コミュニケーションの環も広がり、地域貢献にも役立つ。時には、起業や地産地消の役割を担うこともでき、横のつながりの中で、精神的満足感を得られるのが最大の成果と考えられる。形を変えた、多彩な生活者文化の浸透と新たなコミュニティづくりにつながっている。

生活意識の変化と特質

短期的に見れば、相対的な生活環境がよくなったため、日本人の寿命も飛躍的に向上している。それは、医療技術の発展、生活環境の向上、栄養バランスの向上、社会的制度の改革など歓迎すべき成果であるが、そこに付随する副作用など非健康的なマイナス面、大きな課題も見え隠れしている。たとえば、おいしいと感ずる食べ物には添加物が多く、利益重視のためか、過剰なまでに口当たりの良さや美味しさを、前面に打ち出すのが実に巧みである。そこまでやるのかといった、あの手この手で新しい製品が市場にあふれ出ている現状に、不安を覚えている人も多いことだろう。日本人が得意とする繊細なモノづくりの意識やプロセスイノベーションの感覚が、食品など添加物に対する工夫にも生かされ、見た目を楽しませる細かな心配りには、驚かされることの方が多い。

つまり、日本の文化か国民性か、何ごとにも納得いくまで細かな工夫を重ねる習性があり、特に、味付けに対するこだわりと、家庭と同じ味を出そうとする戦術的読みなどが、添加物の種類が多くなった原因とも考えられる。この点は、監督官庁も産業振興や食品保存などを勘案し基本的には奨励しており、ましてビジネスの立場からすれば、売り上げと競争関係を天秤にかけ、健康被害が発生しなければ続けようとする姿勢は、これだけ安心安全が叫ばれている時代性からして、無神経過ぎるのではないだろうか。

さすがに、心あるメーカーほど、そのことに気付き先手を打っている。ただ、関心の低い消費者は、加工され過ぎた食料品は栄養価が低いことを忘れ、安くて新しさや味さえよければと、無意識のうちにメーカー戦略に引き込まれている現状を、肯定してしまっている。小まめさや手先の器用さが災いし、食品本来のオイシサを忘れてしまった先進国の空しさに気づく時が、やってくるのだろうか。一刻も早く、追いつめられると、大きく転換する国民性に期待したくなる。健康志向のためか、国外でも、これまでになく日本食ブームに沸いている、ラーメンや寿司などの味に対する評価が、短期間に終わらないことを祈りたい。しかし、後ろめたい気持ちを捨て去ることはできそうにない。

それにしても、食品に記載されている原材料に、添加物が多すぎて理解するのに苦労する。常識レベルを超えていて、あきらめてしまうことさえある。素材の旨みを引き出すのが日本料理だと聞いているのに、子供の時から添加物の多い食品を口にしていると、本来の味が分からなくなる危険性も考えられる。身近なビールの原料にしても、ホップと麦芽だけのものが最近増えているのは、口当たりや旨みばかり追い求めるのではなく、添加物を少なくし健康面を重視する点で必然的な動きである。可能な限り、栄養価の高い安全な食品を安く提供できる仕組みを、本来の目標に掲げ早急に実現するのが、前向きな企業の在り方ではないだろうか。ただ、企業も社員の健康に対する意識が変わり、積極的に健康促進対策を急いでいるのは、社員の健康と業績が直結しているのは、紛れもない事実だからである。

この添加物に関してポール・ロバーツによれば、ブランドが力を持ち続け、製品そのものが味や質感、利便性、ステータス、健康、清潔さ、コストなど無数にある付加価値を明示的もしくは暗示的に提供し続けることを約束する限り、食品メーカーはそれらの製品を最も経済的かつ最も多くの利益が出る方法で自由に生産し続けることができる[1]、と分析している。これに、メーカーの巧みな技術力と監督官庁の支援が加わるのだから、消費者など手におえるものではない。

1　『食の終焉』ポール・ロバーツ著　神保哲夫訳　ダイヤモンド社

長いこと今日のビジネスパターンをリードし続けてきた、本家のアメリカ国内でも、少しずつマス化（大型化）崇拝の流れに変化が見え始めている。極端なコストダウンと大量生産が最優先され、食べ物に関しても同じ思考で、大量の牛肉やハンバーガーなどレトルト食品で満足してきた。しかし、画一化と巨大になりすぎて気づいたことは、肥満の増加や健康志向の重要性に目覚め、高カロリー食品を敬遠する動きとなって現われている。寿司ブームはその好例であり、逆に、マクドナルドの場合は、このところの原材料調達に対するイメージダウンとメニューの幅、同じビジネススタイルの繰り返しによる、倦怠感などが苦戦の要因と考えられる。もちろん、競争相手の多様化も忘れることはできない。また、日本と同じく、医療費の増加が、社会的問題になっていることも関係している。しかし、医師と保険機関の独占的権限の強さにメスを入れられない現状は、何事にも革新的で本質に立ち返る力のあるアメリカ社会にしては、不思議な現象である。エリート層や富裕層への切り込み不足が重なり、突破口が見い出せないままである。

日本初の即席カップラーメンも、食の常識をくつがえし一時代を築いたのは確かだが、その流れが、食品に対する安直なイメージを定着させ、マイナス作用につながっている面も否定できない。このように、ほとんどの事柄は「変化・改革」が付きまとっているものの、当然、そのレベルや頻度は企業ごとに違いがあり、多様であるからこそ評価も業績にも差異が出てくる。ただ、改革推進責任者の立場からすると、現状維持レベルでは我慢できず、むしろ、後退していると判断する傾向が強いため、新規性を求めすぎる傾向に追い打ちをかけるマイナス点が考えられる。

しかし、保守的意識が強い人や変化をあまり好まない人も、同じように多数存在するため、改革反対に回る人も少なくない。あるいは、中立的立場で様子見する人も現われる。それだけに、最善と思われる改革も、必ず実行に移せるわけではなく、むしろ、組織内の保守派の抵抗や駆け引きと打算に左右されることが多く、その動きに巻き込まれ、後退を余儀なくされるケースも多いことを頭に入れておかなければならない。

ともかく、同質であるよりも多種多様だからこそ撹拌され、その中から思いがけない、幸運に恵まれて新しい芽が育つ確率が高いのは確かである。エリート的改革派だけで、ビジネスが成功するわけではなく、むしろ雑草の強さから革新的方向性が生まれる可能性が高い事実が、本質を理解する好材料になるだろう。たとえば、それを統計的処理で賛成・反対論だけの括りの処理や善悪だけで結論づけてしまうと、あとで後悔する危険性が高いのは、形式論的思考を優先させた結論として当然な帰結でもある。しかも、全社員一体型や中央集権管理のスタイルは、経営陣の自己満足と権威づけのために採用される傾向が強いため、やがて、心の通わない受け身型の形式的組織に変質する壁に突き当たり、方向転換を余儀なくされたりする。それよりも、辛抱強く現場に任せ多様な能力を引き出すパターンの方が、好業績につながる確率が高いことを、多くの分野での事例が示している。やる気の芽を育てる効能は、スポーツの世界でも顕著に表われている。

他の動物の場合でも、自分のテリトリーを守り子孫を多く残すこと、それに食べ物を確保するための争いが頻繁に繰り返される。人間も原初のころは、共同生活だけで精一杯でそれに満足していた状態から、やがて、道具を使うようになり、次第にチームとしての活動へ移行し、生活圏の拡大と支配体制を維持するため、苦肉の策として階級制などを考え出してきた。そして時間の推移と進化のプロセスから、次第に欲望が芽生え変化を求めるようになった。また、言語を獲得できたことが知識水準を向上させたものの、結果的に争いの根源となり複雑さを増幅させ、あげくの果てに巨大な富と人口の増加、あくなき技術開発、地勢的な勢力関係などのアンバランスを生み出してしまった。

つまり、言語知識をベースにした適応力の差、それと、限り無き欲望への執念は、格差を拡大するばかりではなく、その存在さえも否定されかねない異常な状況につながっているのは、当然の成り行きでもある。もちろん、状況を否定的に捉えるだけでは生産的ではなく、人類が地球上に誕生したこと自体が象徴的な進化の歴史であり、貴重な財産を築き上げてきた事実は、永遠に消え去ることはない。その積み上げのプロセスこそが、変化であり改革でもあり、進化の図式であり、単純で同じことの繰り返しではなかったことを、史実が明確に証明してくれている。今に生きる人々は、各種の苦難も増えたものの、とりあえず、それなりの幸運を体感しているといえるだろう。

少し付け加えてみると、人間の脳の大きさは（1500g位）20万年前までとほとんど変わらないという。しかも、それから7万5000年の間に言語を獲得したのはほぼ確実であるとデブリンは述べている。[2] その中から、人間だけができる物事のいくつかを取り上げておきたい。

●本格的な象徴的表象をもっている。
●言語を使って架空の話を作り、たがいを教育し、たがいを楽しませることができる。
●集合の中にあるものの数をかぞえることができる。
●生涯にわたって、さまざまな新しいスキルを幅広く身につけることができる。
●未来の行動について、しばしば綿密なプランを立て、それにしたがう。

これは主な事項の一部を取り出したものだが、それにしても、これだけ特殊な能力を会得できた人類の歴史を言い表す、他に適当な言葉があるのだろうか。

もちろん、各個体に与えられたＤＮＡそのものが、簡単にいえば、本来の個性であり多様性でもある。その点に関して、生物には「生と死」が必ず付帯する現象は、教訓的であり絶対的であり輪廻である、と補足することもできる。そのため、時間の経過と状況変化がもたらす必然的で質的転換こそ、生物にとって自然との循環サイクル的調和であるとも考えられる。この点に関連して、ポラニーの主張を引用してみると、生命の発生は最初の「創発」である。それは、より高い原理をもつますます高等な形態の生命を生み出す、その後の進化の全段階にとっての原型でも

2　『数学する遺伝子』キース・デブリン　早川書房

ある。暗黙知がなしとげる創出という概念を拡張し、私はそれにすべての段階の創発を含ませた。[3] この暗黙知や創発という考え方については、ビジネスなど多くの場面で使われている。そして、今日では、進化生物学の立場から遺伝子や細胞の働きなど細部にわたり研究が進められ、具体的で詳細な成果が次々に発表されている。この言葉の生みの親こそ、ポラニーだったのだ。

　その変化は観点の違いによって、人為的に意識的に改革しようとするのか、自然との調和を重視した、スローライフな変革に重点を置くのかどうかの違いと解釈できる。さらに追加的に表現すると、人の寿命は長くても１００年そこそこであり、それならば、リスクは承知の上で思い切って挑戦する意思と、夢の実現に向け努力を継続する粘り強さなしには、組織人としても個人としても、満足感も自負心も持続させることはできない。ただ、それが強くなり過ぎると自己本位の変革を強引に進め、やがて自己優先の世界観を正当化するなどして、取り返しのつかない反作用を引き起こし、各種の紛争や環境破壊を容認してしまったのが現状である。結果的に、自然から強烈な反撃を食らい、世界的に甚大な被害を被っている実態を直視し、微力であっても、客観的判断ができる組織の一員として、社会に貢献できる思考を見失わない努力を続けたいものだ。

3　『暗黙知の次元』マイケル・ポラニー　紀伊国屋書店

3章　経営管理と環境との共生

自然の恩恵と欲望の限界

今日、人類だけが人工手段を取得したことで生産物の増大を可能にし、やがて、拡大路線にシフトし、地球環境にも大きな変化を及ぼすようになり、結果的に重大な制約条件となる壁を作り出してしまった。森林伐採や動植物等の生育環境を悪化させ、肉食動物などを劣悪な環境で育て、やりたい放題の状態であるといっても間違いないだろう。また、地球温暖化を引き起こす要因など、困難な課題が次々と現われている実態から、経済活動の行き過ぎに対する警鐘となって表面化している。それでも、国際機関における協議や各方面からしばしば警告が発せられていても、国ごとに立場や条件が違い過ぎるだけに、具体的対策や規制は思い通りに進んでいない。

今では、先進国を中心にして欲しいものがいつでも手に入るなど、欲望には限界がないかのように思われがちだったが、太陽や地球というかけがえのない偉大な存在をもってしても限界があることに気付き、対応策が急がれている。徐々にではあるが、その認識が浸透し、植物など自然の恵みと資源の有効活用とリサイクルのメカニズム構築の重要性などが、ことあるごとに叫ばれているのに、実態としての解決策が遅々として進まないのは、科学技術の進展に待つことや事態推移の難しさをいみじくも物語っている。

ただ、お手上げの状態を追認するばかりでは能がないので、その予防策として、多少古めかしい表現ではあるが、次のような提起も忘れることなくまじめに受け止めて置きたい。それは、ベニュスのバイオミミクリーに関する提唱であり、自然に学ぶことを基本にしている環境擁護派の主張であり、9つの原則にまとめている。[1]

①余分なエネルギーを使わない
②形態と機能を調和させる
③すべての物をリサイクルする
④協力するものに報いる
⑤多様性に投資する
⑥地域の英知を要求する
⑦内部から行き過ぎを抑える
⑧限界から力を生み出す
⑨自然は日光を燃料とする

1 『自然と生態に学ぶバイオミミクリー』 ベニュス オーム社

これらの事項に共通する点は、ほとんどが、社会的生活並びにビジネス活動に関連する常識的な内容であること。また、過剰な活動を抑制するための防壁になっている点を見習い、少しでも実生活の中に生かしたい。

それにしても、最近の環境問題に関する指摘事項は、世界的な傾向として突出しており、特に、これだけの人口増加と環境破壊、コンピュータウイルス、人権問題や貧困問題、紛争多発と難民対策、サイバーセキュリティ対策など次々に発生し、対応の遅れや警鐘など悲観論が後を絶たない。地球の未来に関わる問題だけに、各国とも英知を集めた取り組み方も対策も十分検討されているはずなのに、未だ平然として約束を破る国も多く、実際には、ヨーロッパが環境先進国として先頭に立ち、具体的な実施計画を次々に打ち出している。日本もそれなりに健闘しているものの確たる方向性に乏しく、リーダーシップを発揮するのは、例により、あまり得意ではなさそうである。

しかも、東日本大震災のような、未知なる複合大災害が発生したことにより事態は一変し、復興対策は難航し、後から追いかけるのが精一杯の状態である。現状を維持しながら環境保全を持続させる方法論の難しさが、ときに後退したり自己矛盾が表面化したりする。そこが、人間らしいというべきなのか、それとも、もっと制約条件を厳しくしないと進展が見られないのか、ともかく試行錯誤を繰り返しつつ、漸進的な歩みが限りなく続くとしかいいようがない。また、大筋では合意できても具体論になると、困難を極める課題であるからだろう。

もう少し、資本主義制度の成熟化について触れてみると、経済や経営パターンも洗練され、産業活動も生活スタイルも想像を超える速さで転換させてきた、といっても言い過ぎではない。もちろん、そこには、政治経済、伝統文化、宗教、技術革新、あるいは、民族的慣習、歴史条件、地理的条件、国際関係などが相互に関係し、補完し合い、集積され、相乗効果による成果であると判断することができる。特に、経済活動の拡大は金融取引を活発化させ、産業基盤の整備と資本取引市場を充実させ、新たな産業を次々に生み出し近代化を推進する要因になってきた。

その実態は、国際間の資本移動の増加、医療技術の質の向上、食生活の改善、生活パターンの質的変化、文化レベルの向上など、日常生活全般に深く関与している。一方で、弊害が急速に拡大した顕著な世紀が20世紀であり欲望が欲望を呼ぶ、あるいは技術革新の連続性が時には問題を複雑にしすぎ、かつ過当な競争意識に翻弄され、競争優位性を生き残りの絶対条件とする、意識を定着させてしまった。

資本を効果的に運用して富を増やすこと、その小さな単位が家庭生活であり、各種組織による経済活動、そして最後は国家から国際社会へと延伸していく。この国際関係の協調こそが、カギでもあり足かせにもなる情勢を正しく分析し、産業活動の構築に活かす態勢がますます重要になっている。その間の景気対策など経済活動と並行的に発生する軋轢や政治的駆け引き、経済規模や数値の大きさを競う競争が、かたときも休む暇なく繰り返されている、その整合性こそが重要なカギを握っている。

同時に、経済規模の大きさと変化のスピードが、ことさらに比較検討の対象とされ、特に、ＧＤＰ（国内総生産）のように、諸々の矛盾点を抱えた統計手法が、国際比較の重要な指標として活用されている。国内には、８００万戸以上という途方もない空き家があるのに、新築住宅の建築も盛んにおこなわれており、その数値もＧＤＰに貢献しているのだから皮肉でもある。木造住宅は、15年で資産価値がなくなるとは、動物に酸素を供給し生命誕生を可能にしてくれた、大恩のある樹木（植物）に対する冒涜ではないだろうか。片や、中国の統計数値は、信憑性に欠けるという指摘も、時おり聞こえてくるように、全体を把握する正確な統計数値を求めるのは、容易でないことがよく理解できる。

なお、長年の国内の経済不況からの脱出をめざし、日銀によるデフレ脱却と２％物価上昇目標も、簡単には達成できそうにない。予想以上の円安と石油価格の下落、燃料や食料品などの輸入増加等々の諸条件も関係しているため、消費者物価は消費増税と便乗値上げもあって、実生活では10％以上のアップも実感しているのに、統計数値に反映されているとは思えない。母集団の選び方や調査方法そのものにも問題がみられ、商品リストの順次見直しもされているが、数値結果にいつも振り回され続けている。

だが、この課題含みの数値の大きさだけを取り上げ、やれ経済大国だと自慢する発言をよく耳にする。それよりも、日常生活において相対的満足度が低くゆとりを持てないようでは、本来の目的に近づいているとは考えられない。身近な事例では、狭い道路や住宅事情の悪さ、社会的インフラの貧弱さと対応の遅れ、医療費の高騰、膨大な財政赤字等々、肝心の将来志向の政策は先送りされ悩みは尽きそうにない。

これまでも勤勉に働き過ぎてきたのに、規模の大小や品質の良さばかりに気を取られ、ゆとりのない労働環境に埋没し、過剰な汗をかき過ぎてはいないだろうか。また、資源の少ない国だからとひたすら働き輸出を増やさなければと、常に聞かされてきた。その観点も、通信情報関連産業が主役に躍り出たことで、国内に滞留している関連希少資源の量が増加しているため、今や必ずしも、資源小国ではないといわれている。競争の質的転換と資源そのものに対する捉え方、生産国の世界的な分散などによる状況変化と、時代性に伴う産業転換でもある。

これまで、経済活動は追いつき追い越せがトラウマになり、大きさの追求や効率・限界といった側面が強調され過ぎたため、競争意識ばかりがクローズアップされ、生産性向上をめざし機械化と人とを対比する状況を、意識的に作り出してきた経緯がある。その結果、内向き志向が強まり、その場を乗り切るための数字合わせや形式論でカバーする手法が、高評価される流れを定着させてきた。もちろん、資本主義社会は、共通の測定ツールや尺度と原則をたくさん策定し、評価の統一性を確保する努力を積み重ねきたことは、方向性としては正しいものであり、それなりの成果を残している。

しかし、一律に社会全体の動きを規制することや掌握することなど、およそ不可能である。常に物事は全体の中の部分であり、世の中のある部分に過ぎないこと。つまり、部分最適はあっても全体最適などは、単なる欲望に過ぎないことを認識していないと、井の中の蛙が、世界をリードしている気分から抜け出せない意識と、同じ轍を踏むことになってしまう。また、合成の誤謬という言葉のように、全体が同じ方向に進むことも理想と現実が一致することも難しい。それでも、全体を統一したい願望は捨てがたいため、枠組み自体は妥協の産物に終わることが多い。結果的に、絵に描いた餅に終わる苦しみと矛盾を抱えた実態から逃れられず、適度の大きさを志向するようになる。

企業のケースでも、コンピュータ関連企業やグーグル、アマゾンのように、従来の常識を覆し世界を席巻する、例外的なビジネスモデルは稀に現われる。それとて部分であり、永久に続くことなく、次なる戦略を組み入れないことには、継続的成長は望めないのはいうまでもない。事実両社とも、新規事業参入に余念がなく拡大投資を急いでいることからも理解できる。ほかの事例で考えても、どんなに有名な著作であっても、まとめられている内容自体は、その時点における最適でしかも部分的なことしか、盛り込めない宿命にあるのと同じである。もちろん、内容の性質や原則論として長く愛読されるケースがないわけではない。

それでも、著者の狭い範囲の知識や経験にしか過ぎないことの側面も、頭に入れておく必要がある。多くの人は、それぞれの部分から学ぶことで相対的に啓発され、限界的であっても、次のステップへ進む糧になるからである。そこに知識の伝承が起こるのだから、学ぶことの大切さは何人も否定することはできない。大事なことは、受け入れ側の受け止め方、理解力や判断力、共鳴できるレベルなども、重要な要素になりそうである。それに、作者としてブレの少ない継続的姿勢を維持できる信念の方が、むしろ波及的効果を生み出す力は大きいと考えられる。

経営管理意識の変化

すでに述べたように、企業の運営手法をビジネスモデル・パターンと呼ぶようになっている。その意味する重要な点は、新しい経営手法が現われるスピードが速くなっているため、大企業といえども、好調な経営内容を将来に向けそのまま維持しようとする、安直な考え方が通用しなくなったことなどが、要因として考えられる。端的には、技術革新と競争関係の変化と厳しさに伴い、時流にマッチし最適と思われるモデル・経営手法に、いち早く移行することを意味している。好業績に甘んじた油断や判断ミスが、経営の命取りになる、厳しいケースが増えていることなども背景になっている。

また、過去にとらわれず保守的になるのを防ぎ、時代の奔流にキャッチアップできる態勢づくりが欠かせないからでもある。もちろん、企業経営はそれぞれに個性があり、ビジネスモデルにも違いがあるのは、いまさら言うまでもない。これまで主流だったビジネスマネジメントの流れも、主体的になってきた消費マインド、主力産業の構造変化、異業種や異文化との協調関係の深まりなどのニーズに応えるためには、これまで以上に質の高いパターンが必要になるからである。

もちろん、抽象的な改革や表現を難しくすることは論外であり、現場の発想が生かされ成果につながる中身でなければならないこと。そして、無理やり枠内に収めようとし、組織の活力を見失わない配慮が必要である。

さて本論に戻り、経営管理の研究が進むにつれ、要員管理の重要性が注目され、必然的に人と組織を重視した組織運営の在り方に、関心が集まったこと。その主眼は、大量生産方式による経営拡大とコスト意識の徹底につながる利益の獲得競争から、人の管理の重要性に気づいた時期でもあった。そして、大規模経営へのあくなき前進と支配的経営体制から独占的経営形態への移行。資金力とハードパワーによる強者の論理がまかり通った時代をたどってきた。その後、サービス産業やソフト産業の進展のように、重厚長大産業からソフト化産業主体の成長に伴い、ソフトパワーによるネットワーク型ビジネスモデルが主役になり、リードする展開になった経緯に時代の進化が見られる。

そして、先進国を中心にした経済の成熟化と拡大化を表現する手法としての、顧客志向の経営姿勢と無駄を省くためのマネジメントシステム構築へとシフトし、特に、トヨタイズムが世界的に認知され、製造業の主流の手法として、世界的に注目を集めるまでに浸透したこと。さらに、時代の流れに沿って、宗教中心意識から、絶対的観念の否定と変化や進化を前提とする考え方が定着し、単線思考から複雑思考へ、さらに、フラクタル現象やカオスなどが複雑性研究の成果として認知され、産業界から学官までの共通認識になった意義は大きなものがある。

その事実こそ、長い間の歴史的既成概念の重圧から抜け出す転換点となり、近代的な諸科学の発展に貢献する流れができ上がった。それ以上に、ゆがめられた呪縛の権威から開放されたことにより、社会生活全般にもたらした心理的貢献度は、計り知れないものがあった。その成果の一つに、20世紀以降、生活者の生活レベルの向上や意識の変革などの面に、大きく寄与してきたといえよう。

人間社会は、絶対的な存在や特定の人物に対する神格化、あるいは、強力なリーダーのワンマン化やカリスマ崇拝など偏ったパターンを受け入れてしまうと、そのグループの意向は、リーダーの独断となり周りの意向は顧みられなくなる傾向が強くなる。その動きは、どの分野においても同じ兆候がみられ、過去の実績を盾にして新しい力を抑え込み、保守的で硬直的パターンへ傾斜するケースが多いことを示唆している。

多くの場合、酒の席なら異論が出ても、公式の場になると、揚げ足を取られないよう気配りが先行し、論旨も説得力も乏しく歯の浮くような、無意味な発言に終始することも稀ではない。これは、悪い経営体質の代表的事例であり、躍進型のベンチャー企業などには見られない光景であろう。この状況を見破り対策を打つのが、リーダーの力量であり役割でもあるはずなのに、強固なワンマン企業には、時代が変わってもまかり通るのだから、人間社会は、実力者に対する意識を断ち切るエネルギーの大きさは、相当なものであるらしい。

しかし、時代の変化が残したものは、度重なる労使紛争の経験を踏まえ、労使の距離間を縮め民主的意識を浸透させ、差別化よりも協調して成果を残す方向に着実に変化してきた。また、権限委譲や能力開発と個の能力を発揮しやすい環境づくりの重要性に気づき、組織として取り組むようになったこと。人的関係においても、口先だけの人間尊重や形ばかりのガラスの城の権威でコントロールするのではなく、実績と能力ある人が登用される。あるいは、従業員に対する配慮も、見せかけのものから実態に即した処遇など、優秀な人材が組織にとどまりキーマンとして貢献できる体制など、開かれた関係の構築が欠かせなくなったことである。

国内外の競争力に対処するには、新製品の開発やイノベーションのスピードアップなど、組織全員の協力関係なしには、対応できなくなったことも、重要な誘因だと考えられる。やがて、一時注目を集めた日本的経営にひび割れが発生し、国際競争に耐えられる、新たな組織体制と人材活用の時代に突入した経緯がある。ただ、先述の正規社員を増やさないなどの人事管理態勢は、安易に受け入れられるものではなく、人材を大事にする組織には定着しないと捉えたい。今後の、若者の大企業離れの動きにも注視したい。

ところで、近頃の傾向は、専門分野だけにとらわれない、いわゆる融合的傾向に進んでいるのは好ましい動向といえよう。その結果、多様な考え方と提言が増えることで、抽象的学問領域に変化が表われだしたのも、横のつながりと多様化の重要性に気づいたからである。例えば、デブリンは、「数学においてもできるはず、人間は誰も、スタート時点では同じ能力を与えられている」、あるいは、数学は情緒である、心を数学で読むなどの説もあるように、どんな先端的研究であっても、それぞれの分野の力を融合することによって、未知の分野への扉を開くことの可能は大きくなる。純粋数学分野でも、統一的研究が進み成果が出ていることから、生きた学問の在り方や実践的マネジメントの方向性も、自ずと答えが集約されつつあるように見受けられる。つまり、何事も挑戦することで、創発効果により思いがけない成果へと導いてくれる道は、常に開かれている意味でもある。

さて、時代の移り変わりはそれ以上に、情報通信技術の革新を主体とした関係国の経済力のアップや民主化の促進、新興国などの躍進によるインパクトが増大したことである。この誰にも止められない巨大な奔流は、やがてうねりとなって環境破壊と同じく世界中に公害を垂れ流すのか、それとも、地球上の困難な課題を解決し人類に幸福をもたらすのか、関係諸国の利害関係が織りなす動静の行方は、直接的で深遠なテーマとしてますます興味深い動きを見せている。

ビジネス環境の変化

ともかく、世界経済の躍進は、中国やインドといった圧倒的に人口の多い国が、経済成長してきたこと。人口が多い分だけで当然購買力は大きくなり、順調に成長すれば、いずれは、アメリカをも凌駕する影響力を持つ時がくるだろうと、懸念する声さえ聞こえてくる。しかし、中国経済は市場経済の経験も浅く産業構造面でも不透明な要素が多く、当分、波乱要因を抱えながら経済運営を続けていくことだろう。このところの、株式市場の未成熟さに世界中が、振り回されたりしている。何れにせよ、ＩＴ技術の伝播が強力なツールとなり、大量の製品を安価で提供し、世界経済の発展に大きく貢献する方向性と環境が整った意味は、歴史的に俯瞰してみても、稀に見る大きな進化といえるものである。もちろん、それに伴う環境問題などマイナス要因につながる、異常事態発生も避けられず、また、新聞記事のように、短期でその場限りの論調で終わるほど、事態の推移は単純ではなく多様で困難さが伴うことである。

そこに新たに、熾烈な国際競争が繰り広げられるのは、先端技術を駆使し新製品を提供できる企業こそが、優位な立場に立てるからであり、先行型の経営戦略を推進する必須の手段につながるからである。これまで、欧米や日本など先進国が豊かさを先取りしてきたが、新しい競争者が多数参入し、競争関係の構図にも大きな変化が現われている。経済拡大に伴う巨大なマネーが世界各地に投資され、世界的なＭ＆Ａも日常化され、新しい事業と製品開発が次々と現われる。知恵と才覚、技術力と人材など必要なものは、資金力さえあればどこの国の企業であっても買収できる時代がやってきた。これは、人類の知的資産のストックが、継続的イノベーションへと転写され、時代を先取りし、魅力的商品の開発に携わることができるチャンスが、誰にも与えられていることを意味している。ここでも、中国企業も躍進しているが、本物の実力とは思えない。

ただ、苦心のすえ生み出された新製品であっても、瞬く間に世界中に伝わり新たな製品に取って代わられてしまうご時世と、ネットワーク時代の怖さが日常的になり、リスク要因の増大という不安定さから、抜け出すことは容易ではない。これまで、アメリカの多国籍企業が圧倒的な力で世界の取引を支配してきた時代から、現在は、それ以上に大きな規模の巨大企業が、M&A・業務提携などを通じて次々に誕生している。ベンチャー企業の中には、短期間でトップシェアを握る事例も、時に見受けられる。また巨大企業も、アメリカだけでなく、中国やその他の国々からも誕生しており、少し前までは考えられなかった動きであることは、遮ることのできない厳然たる事実だからである。

しかし、それを維持するための条件も、これまでの固定的観念でリードできた時代と明らかに変化しているのが、このところの際立った特徴である。つまり、制度や規制の変化によるベンチャー企業や起業に関する足かせが少なくなり、それなりの課題があるのは当然として、自由に参入できる条件が、着実に増加していること。一方では、簡単に情報が行き交うことにより、企業経営や社会全般に対する監視の目が届きやすくなるなどの条件が重なり、大組織を維持するメリットも、過去の成功事例だけでは納得させることができなくなってきたこと。

つまり、企業の大小に関わりなく、ちょっとしたスキャンダルや些細なことから水が漏れ出す事態に対して、世間から厳しい評価が下されるからである。また、社会的にも意識的にも、不正に対する摘発など、規模よりも実態としてのビジネスを評価する動きを、疎んじるのは危険な考え方だからである。

とはいっても、この変化が速く騒々しい世の中は多事多難で、口で語るほど簡単に対処できるものではなく、まして、形式論だけ述べていても、成果の乏しいきれいごとに終わる確率は、高くなるばかりである。「腐っても鯛」の喩えも、積み上げられた伝統の力は、無形の財産であり侮ることはできないものの、欧米企業のように、過去にすがり付かず実態に即しＭ＆Ａに対処する手法も、さらに増えることだろう。

国籍も経緯も気にせず、先行きと事業展開の可能性を天秤にかけた判断を優先させる戦略は、合理的であり受け入れられやすくなる。老舗ののれんなど無形資産価値に付加価値を加え、守り抜くことで評価を高めている京都方式などは、その逆の事例と考えられる。また、「寄らば大樹の陰」意識は動物特有のもので、力の強いものや金持ちにはあえて反抗せず、その場を取り繕いながら、チャンスが来るまで待つ生き残り戦法も、頭から否定することはできない。

それにしても、大規模企業がその規模を維持することの困難性は、自由競争と異分野からの参入が増えている分、相反する関係がますます強まり、これまで以上に困難な状況が加味されるだけに、的確な市場動向の分析とスピード感のある意思決定が求められるのは必然でもある。有名なルイヴィトンのようなファッションとステータスを売り物にしている商品の場合、ブランドの持つ価値が長く続くことで社会的評価が高まる。電子製品のように、機能性・便利性・省エネ性に加え商品寿命が短く、時代のニーズを先導するような製品とでは、トレンド対応を同一視することには無理があるのは当然のことである。

だが、重要なことは、かつて王様が城の大きさで権力を誇示した時代から、現代は、超高層ビルや工場式集約農業、豪華客船、大規模工場などと大きさを競っている面は否定できず、そればかりだと、消費者側からするとお仕着せの感じが強く食傷気味になり、中身の充実や精神的満足など、新たなサービスを求めるようになってきた。ビジネスに関しても、新手のベンチャー企業が国籍を問わず出現し、新感覚の経営パターンを提案し大手企業の保守的体制に、風穴を開ける勢いと同じ文脈である。古さや大きさだけでは通用しない、大競争時代のスピードは加速化されている現実がある。

また、小が大に下剋上を突き付ける時代に突入し、大規模化こそコストパフォーマンスが高いと信じられてきた実態が、実際には持たざる者に圧力を掛けコスト負担を転嫁することで成り立っているケースが、あちこちで明らかにされている。エネルギーコストの増加や無駄遣い、健康不安や環境被害の実態など、種々のマイナス点が、意外な形で表面化し発信する消費者の増加により、情報が共有されるようになったからである。資本主義体制の盲点を修正するソフトパワーが、じわじわと浸透し始めていることは、間違いのない現実であり注目すべき動きである。

このように、ビジネス環境の変化が、新たなるビジネスパターンの登場を促してきた実態が明らかになってきた。いつの時代でも、古い部分と新しい部分が交錯しつつ、そこから抜け出た企業が、規模の大小に関わりなくリーディング企業として夢をふくらませ、ニュートンの海の青い大海原に乗り出すことを可能にしてきた。そんな構図が、企業の循環サイクルであり、連綿と続き、理想形として支持されていくだろう。

ここまで見てきた通り、顕著な形で、アメリカ式経営パターンが資本主義の発展と技術革新をリードし、経済成長のスタイルを構築してきたことが理解できる。いわゆる、経済と経営に関する世界基準になって他国を圧倒してきた実績があるため、アメリカを抜きにしては語れないジレンマを感ずるほどである。この点は、再度アメリカ式パターンで触れてみたい。

4章　経営パターンと技術革新

ネットワーク力の時代

　ここ数年の経営システムの変化は、予想することとさえ困難なほどのスピードアップと激烈な多国間競争、製品開発のグローバル仕様に伴う厳しさ、技術革新の進展など休む間もないほどの劇的変化の波に巻き込まれてきた、成果とも言い換えることができる。また、人間の欲望が膨らめば膨らむほど競争環境は表面的で短期勝負型の製品開発が進むようになり、これまで以上、消耗戦的な様相を強める方向に進んでいる。結果的に、他者利益より自己利益中心の考え方が、幅を利かす危険性を助長する動きを見過ごす、過ちを犯す結果になってしまった。

　近年における脳科学の飛躍的解明による成果からすると、人間は時代と共に賢くなっていく生物なのだと、安易に思い込みがちであるが、技術革新や生活の便利さはともかくとして、肝心の心理的面に関しては、むしろ後退しているかのように感じられる事態が、傾向的には増えており、民意の増大と多様な価値観が加わった分、複雑な側面と戸惑いを隠し切れない矛盾点に、むしろ悩まされることが多くなっている。

　技術変化や競争関係による圧迫と情報過多など複雑な要件が組み合わされることで、むしろ、ゆとりを見失い精神的圧迫に耐えきれなくなる状況が、積み重なるからだろう。だから、たいして進歩していないとも言い切れず、時代性と進化は避けて通れない必須のプロセスなのだから、その間に流れる有機的感覚と無機的感覚との双方の意識を乗り切る手法に、タイムラグが生じている状況にあるのだと、受け止めておきたい。簡単に表現すれば、人にはそれぞれに個性や特性、思考の違いがあり、器用に立ち回れる人ばかりではないのだから、余分な干渉をするよりもゆとりを与え、個性を尊重することが重要ではないだろうか。

また、現実の企業が置かれている環境は、内外からライバルが増え競争関係が複雑化し、高度化していること。また、分野の壁に捉われない新規参入者が突然現われ、瞬く間に、新たな地図に塗り替えられていく。一方、情報過多で適度な判断力を身に着けたユーザーは、本来身勝手であり自己本位で気分屋であり、好みのメーカーの製品を中心に選別し、見極めも速く、安全と快適、低価格で高機能性を常に意識し、モバイル機器を操って随時チェックし、比較検討して購入するパターンが、定着している動きも見逃せない。

それにも増して、便利すぎる時代のマーケティング動向は、双方の駆け引きの巧拙さが、勝敗の分岐点になっている。しかも、留まることなく新機能製品が市場に投入され、執拗で巧みな宣伝活動により奢侈品にあおられ、人の隠された本性ともいうべき、限りない欲望を抑えきれなくなり、泣き笑いを繰り返すことになってしまう。ただ、流動的な制約条件に縛られた社会態勢が続く限り、供給側の情報開示と需要側の信頼感による公正な取引が推進されることが、健全な関係維持を保持できる基本的原則であることは、今後とも変わることがない。

だが、これをチャンスとばかり、正当な手段で競争関係を乗り切るのではなく、一発勝負で抜け駆け的な悪知恵を働かせ参入する手合いも、隙を窺って仕掛けてくる。本来のビジネス活動は、周囲の動きに影響されず、緩やかな競争関係を維持できる状態が好ましいと望んでいても、徹底して仕掛けてくるグローバル競争はそれを許してくれない。むしろ、技術進歩が速まり生活スタイルの変革を追いかけ、新たな発想による先端的な製品が加速度的に市場に投入される。特に、アジア地域の経済発展が導火線となり、マクロな競争環境スタイルを一変させてしまったことである。

これまでのビジネス活動の重点は、経営戦略を先行させることこそが、企業存続の生命線と理解されてきた。いまや、情報解析能力とネットワーク力、多彩でスピーディーな意思決定の時代に入り込んでいる。その隙間に割り込みサバイバルするためには、起業家的アイデアの持続か既存企業による資金力と先端技術、有能な人材による差別化などが決め手になる傾向は、以前に増して鮮明になっている。しかし、それも一時的なものであり、変化へのニーズは停滞する暇も見せず新たな発想による、産業基盤の創出を求めて進化しないことには、次なる展望と市場での活性化を持続させることはできない。

ただ、産業革命以降の資本主義を軸とした経済運営の成果と膨大な経験値は、あらゆる課題に前向きに対処できる解決手法として、結果的に大筋で認知されてきた。いつの時代にも、また、これだけ科学技術が進歩している現代でも、地震など自然災害を予測することは難しく、ネパール地震でも発生後の被害の大きさに圧倒され無力感だけが残ってしまった。東日本大震災も同様で、自然現象から誘発された原発事故による事後処理の難しさと、後遺症関連の対処の仕方など、いまだ確たる見通しは立っていない。

また、気候変動に伴う大型台風が、年ごとに勢力を拡大し進路予想をあざ笑うかのごとく大暴れし、被害ばかりが大きくなっている現実が、打開策を先行して打ち出すことの難しさを教えてくれている。元をたどれば、森林の伐採や化石燃料の慢性的浪費など人災による要因が引き金になっているのに、国際的なコンセンサスを得ることの困難さは、あちらを立てればこちらが立たずのシーソーゲームが目立ち、妥協案作りに追われている姿が、いみじくも現実を浮き彫りにしている。

しかし、近頃は、自由競争と経済成長中心の思想に対する批判が急増しており、むしろ、自然環境とのバランスの取れた方法論の模索が、最優先の課題になっているのは、世界的にも重大なアクシデントに頻繁に見舞われている現実から、事の重大さを認識したからであろう。それだけに、ビジネスに関わる方向性は、ユーザーイノベーションの時代といわれる、消費者・ユーザー中心のものづくり・サービス、そして生活の質を高めるイノベーションが着実に浸透してきている実態を見誤ると、時代に逆行する結果を招いてしまう。それにしても、資本主義体制への警鐘と株式会社の活動形態そのものが、過熱気味の論争を一層助長しており、巨大市場に対する歯止めを難しくし、巨額ファンドによる投機や運用による弊害など、末期的症状が拡大するばかりであり、そこに規制をかける意味からも、国際間で協調し制度の見直しを急がなければならない。

その上で、重要なことは、過激的でない革新的意欲の継続性が必須条件であり、省エネと環境保全を基本にしたユーザーとの共創関係に、敏感であり続けなければならない。つまり、優良企業のポリシーは、ユーザー主体にしたビジネスマインドが浸透している、もしくは戦略の柱にしている大方の理解を、自然な形で実現できている実態こそが、信頼確保につながっていることである。つまり、ユーザーとサービス提供者との関係は、均等関係からユーザー優先へ移行するパターンが多くなり、時間の経過に連れその動きはさらに強まるはずである。

それなのに、少しばかりの不正なら隠そうとする動きや、その程度なら許されるだろうと考える企業の隠ぺい意識は、予想外の事態を招き結果的に組織を蝕んでいく事例は後を絶たない。その穴埋めに要するコストは、何倍もの負担増となり、経営陣の退陣や人員削減など大きなダメージを抱え込んでしまう。卑近な例では、東芝の事例を挙げることができる。これとて、信頼回復に要する道のりは、暗くて遠く容易ではない。

これまで述べてきたように、生き物である組織は、二度と同じ状態を保持することは考えられない。言い古された言葉ではあるけれど、ルドルフ・シェーンハイマーの秩序は守られるために絶え間なく壊されなければならない。また、「生命とは動的均衡にあふれる流れ」である[1]、も同

1 『生物と無生物のあいだ』 福岡伸一 講談社現代新書

じことを表現している。これまでの経験に加え、これだけ蓄積された人智と多額の費用、最高のコンピュータシステムで入念に準備しチェックしているはずの、スペースシャトルさえも、打ち上げに失敗したのは、自信をもち過ぎとマンネリ化などが原因であると指摘されている。もちろん、人間社会が失敗を皆無にすることなど夢物語に過ぎないのだから、予想外の事態は必ずすり寄ってくる。

例外的に、〝喉元過ぎれば熱さを忘れる〟の喩えではないが、現実には、危機感の認識が薄くメリハリのない企業でも、それなりに事業を持続しているケースが意外と目に付くのは、組織には理屈と異なる現場力があるように感じられることである。その企業には、必要とされる何かがあるのか、意外な専門性があってのことなのか。または、似たもの同士による吸引力が、存在価値を高めているのだろうか。先進性だけが評されるのではなく、むしろ、路傍に生えている雑草の生命力の旺盛さと似ているとしたら、融通の利かない、かしこまった固定観念や理屈など綺麗ごとに過ぎなくなり、むしろ、行動をセーブするブレーキ役しか果たせない、危険性が感じ取れる。つまり、一流とはいわれなくなくとも、企業として存在が認められることこそ、大切な財産であることを端的に表わしている。

ライバルの存在が不可欠

ビジネスパターンを論じるとき、一般的に、常に先端的ケースを取り上げ時代の流れに遅れまいと意識している風潮や、その動きを称賛し迎合している、未熟な自分自身の姿にハッとさせられることがある。時代の方向性に無機的・惰性的に対応する愚を避け、信念と情熱、誠意をもって発言していく必要性がここに感じられる。現実の成熟した企業活動のメカニズムを直ちに否定することは不可能であるだけに、無定見ではなく思考錯誤し失敗しながらでも、転換の時期を探し続ける必要性がここにある。また、意識していれば、変化の兆しとなる物事は、多種多様な可能性と意外性のかすかなヒントから、見い出せることに気付くことができる。ともかく、企業組織の場合、基本の心構えが守られていて良質なサービスを継続して提供できることで、一般的に高い社会的評価が得られる経験則を大切に守り通したい。

ところで、多様性は日常的な言葉として使われているが、次の指摘は障害を抱えている人の発言だけに教訓的である。もし、人間に遺伝子や染色体レベルでの「異常」と呼ばれる突然変異がなければ、はたして人類の多様性や、環境の変化に適応してきたかつての進化のプロセスは存在し得たのだろうか。[2] との当事者にしか言い表わせない主張に、企業の継続性のカギが隠されていると感じられる。

2 『東京大学は挑戦する』 東京大学編 松井彰彦 講談社

さて、先端的企業意識とは、どう解釈したらいいのだろうか。すべての人、国、地域、そして企業が先端的であることは不可能なことであり、かつ、不必要なことでもある。その構図は、時代が大幅に推移しても、大筋では変わりがないと考えられる（つまり、地球や物事全体を標準化し統一することは不可能）。たとえば、かつて権力者による独占的利益の拡大が黙認されていた状態から、次第に、批判の声とともに聖域を無くし民営化へ移行するなど、民主的意識が後押し定着を促してきた。そして、今や形勢は逆転し、企業の大きさに関係なく誰もが先発利益を手にするチャンスが、巡ってきている。何時どこで先端商品が開発されるかわからない時代であり、意思があれば自由に競争に参画し、活力が生まれ進歩を助長するパワーサイクルを盛り立てることが可能になる。

もちろん、中小企業が大企業のパワーや総合力には、敵うはずもないし社会的役割分担の面からも、存在意義を認めお互いの持ち味を発揮する方が生産的である。ただ、M＆Aの動きは活発であり、異業種も含めた業界再編の動きも加速化されている。また、寡占的パワーこそが競争力を強化し企業価値を高め、先端分野への研究投資も可能になるとの意向も強く感じ取れる。そこには、激烈な競争に勝ち残るための格好の理由付けが、したたかに聞こえてくる。

大事なことは、大企業も独自では成り立たない実態や大型化ばかり気を取られずに、冷静に先端技術の開発や企業価値を高めることに集中し、最善の努力を傾注することである。取引先との関係はとりわけ重要であり、その点は規模の大小には関係せず、対応能力レベルと共生意識による取引の継続が、問われている意味でもある。また、ユーザー目線の商品開発の姿勢を忘れず、信頼感を得られる企業努力の継続性と、息の長いビジネス活動を推進できる、独自でスマートな経営スタイルを構築したいものだ。そこに、先端的企業意識を垣間見ることができよう。時代がどのように進もうと、古きをたずねて新しきを知る価値観は繰り返され、未来永劫引き継がれていくだろう。

一般論的には、いつの時代でも、新しい競争相手となる組織が、次々に生まれる社会的環境こそが、将来の発展を占うカギを握っている。評論家的理屈よりも、環境変化や直接的競争相手が変わらない限り、組織の進化は期待できない。アメリカに対するEUの存在による影響力の顕在化や中国など新興国による急速な経済成長が、世界の情勢を大きく変えてきているように、日常的に新しい競争力が生まれ出ること、その仕組みづくりこそが、あらゆる社会の活力の源泉となり、健全なイノベーションを引き起こす根源になっているからである。だが、個人としても集団としても、自己満足、自信過剰、保証のない楽観主義など、人間につきもののあらゆる失敗に陥るものだ。[3] この指摘は、細心の注意をしているつもりでも、知らない間に見えないエネルギーロスが発生し、失敗を引き起こすことへの警告にもなっている。

また、変化できない組織や仕組みには、どこかに不自然さ不合理性が残っているからだと考えられる。それに気付かずマンネリ化したまま正しい舵取りができない組織や社会は、そのつけを

3 『失敗学』 ヘンリ・ペトロスキ 青土社

払わされる時が必ずやってくる。ビジネスパターンも同じように、前向きな姿勢が継続的に維持できる人材養成、問題認識のレベルアップと時代性の感知能力、経営技術への集中力、全方位的な視点による意思決定などに加え、異質なものを容認できるリーダーの器量と組織文化、能力開発環境の整備と是認できる範囲での温かい人的環境などの因子が、融合され、撹拌され続けられる必要がある。

望ましくは、時代をリードできる先端的状況を絶え間なくキャッチし、自然な形でアウトプットでき、しなやかな均衡が保てる環境の維持に、油断することも衒うこともなく、独自の個性的でフレッシュなスタイルを愚直に守り続けられる企業組織こそ、今後に求められる理想的なパターンではないだろうか。

パート2
ビジネスパターン転換のプロセス

5章　集団態勢から軍隊組織の時代

組織形成の始まり

人間社会は、人特有の能力や人口の増加による集団運営、技術や生活レベルの向上などを通した経験的知識が共有され、組織形成の約束ごとも長い年月を掛けて積み上げ、整備され、現在の形に集約されてきた成果と考えられる。端的に表現すれば、そのパターンが応用され、やがてビジネス手法に関する先駆的モデルの主要部分になり、経済活動をスムーズに動かす原動力になった。では、どのように形成されてきたのか時を追って考えてみたい。

まず、いかなる組織も規模が小さく構成人数が少ない時期には、大袈裟なルールを設けなくても組織運営には大した影響がなく、慣習や口頭の約束ごとで済まされてしまう傾向がある。しかも、初期のころは住むところの確保と、お互いに生き残るのが精一杯で生活条件も劣悪で、協力し合って外敵から身を守ることと、雨露をしのぎその日の食糧確保が最優先事項であり、そんな単調な繰り返しこそが日常生活の主要部分でもあった状況が、勝手に、想像たくましく脳裏に浮かんでくる。

しかし、次第に構成する人員が増えるにしたがい、種々の意見や考え方が表面化し、さらに家族中心から部族の集まりへと移行すると、その分だけ争いごとも多くなりメンバー内もゴタゴタするようになった。それまでは、内部の争いごとで済まされていた物事も、部族間の紛争に対処するために約束事も多くなり、並行して食糧確保のための新たな知恵や共同作業なども欠かせなくなったのは、時の流れによる経過的な変化でもあった。さらに、その他の未知の敵や自然災害、病気などに対する備えにも、気を配る必要が出てきた。同時に、それらの事柄に対処できるリーダー的存在で力が強く、経験豊富な知恵者の存在が重要になってきた。必然的に、まとめ役・調整役として役割を担うリーダーが誕生したことになる。初期のころは、経験豊富で慣習と知恵を引き継いできた、長老がその任に当たったたと思われる。

つまり、集団生活を維持し命をつなぎ、紛争ごとをまとめることや調整する役割を担うリーダーの役割分担が、明確にされたことになる。争いごとに強く狩りが上手、魚取りに秀でているなど、人それぞれに個性の違いがあるからこそ社会生活は豊かになるように、力が強く人をまとめる才能に恵まれている場合には、グループのリーダーとしての役割が最もふさわしく、集団が生き残るために欠かせない役割として認知されてきたのが自然の流れと考えられる。でなくても、諸々の困難な状況に耐えて生き残るための、方向を決める知恵者・年配者が必要であるのは、人間社会はともかく、動物社会全体に見られる際立った共通的特色に他ならないからでもある。長い進化の歴史に刻まれてきた生命のつながりと現実の姿こそ、貴重な歩みの果実として知ることができる。ともかく、生きる知恵として、どんな組織にもトップが存在するように、初めにリーダーありきと理解する方が、的を射ているのかも知れない。

さらに進み、成員の身を守り組織が生き残るため知恵を集め、協力して農作物や家畜を育て食糧を確保し分配する、慣習を共有するようになった。その経験が次の世代に引き継がれ、それを継続する責任者としてリーダーやサポート役の長老の存在が、集団を維持するカギを握っていたとも考えられる。また、無知による恐怖心を和らげる役割や祭りごとを執り行い、伝統を守り宗教的リーダーとしてのシャーマンの存在も見逃せない。さらに、人員の増加に伴う役割分担の変化や世代別による集団の階層化の知恵も、経験的に生み出され、生き残るための強い集団体制と人心掌握のために避けられない、工夫が積み上げられてきたと考えられる（人間が階層を作るのは13、14歳ごろといわれている。その時期と基準は、容姿、健康、財力、職、頭の良さである）。

動物の集団にも、体が大きく力の強いリーダーが必ず存在している。そのリーダーが子孫を残す優先権を有し、グループを外敵から守る役割も負ってきた。組織があるところに誰かがリーダーになる、それは、地球上に生命が誕生した瞬間から、自然の摂理と融合するために本能的に身に着け、種を保存するために不可欠で重要な武器であり、実践的な知恵として連綿とつながっている。動植物全体の有限の生命持続こそ絶対的条件であるからこそ、その機会を最大限生かす選択肢として授かったのだろう。

さらに時代が進み、領地の拡大や集団同士の争いが激しさを増すにつれ、財力と力のある強力なリーダーが必要になり、王族や貴族、あるいは、大名や豪族などによる領地争いのための武力戦争へと進展する。必然的に、武器の開発や争いごとに強く知恵のあるリーダーの存在こそが、集団の存亡を左右するようになる。同時に、戦闘員を確保し組織の態勢を強固にし、戦術に長け戦闘機具の調達や運搬手段も整えなければ、戦に勝つことはできない。ローマ軍が二千年も前から現在でも使用可能な道路を整備してきたのも、戦いに勝つためのインフラ投資戦略であったことがくみ取れる。驚くことに、この時代に水洗トイレも備えた近代的都市遺構も残されているのだから、人の知恵とは、時代にはあまり関係なさそうな気もしてくる。

もちろん、時代が進めば進むほど、相手にダメージを与えることのできる武器が開発され、戦闘要員の数も増加しスピード感が求められるようになる。すると当然、組織体制づくりと指揮命令系統、戦略の構築、資金の調達、武器の整備など戦争に勝利するための態勢づくりも、万全でなければならない。そして、個々人の不満を最小限に抑え組織を守るため、恩賞や階級支配などの運営手段を巧みに織り交ぜ、人心支配に腐心したのも当然の成り行きである。その間にも、裏切り行為や権謀術数なども戦略や戦術の一つの手段として、巧みに組み入れられてきた。

軍隊組織とは、敵の攻撃から身を守り領土の安全を図り、隙があれば、すかさず領土を拡大し戦力を誇示し、他国を威圧する存在でなければならない。もちろん、表向きは領土と住民を豊かにしたい意欲は持っていたものの、それを上回る陣取り合戦の願望を捨てきれず、今日の、企業の規模拡大意識と同じ類に入る、流動的で御し難い難問に悩まされ続けてきたであろう。現在との違いは、独裁者に対する恐怖心と威圧的傾向が強く、因習に縛られていたうえに規律違反者の厳しい処罰、命令の絶対化、戦闘意識を高揚するための信賞必罰の徹底など、理不尽さも含めたあらゆる手段が動員されたのだろう。

これを現在の会社組織に当てはめてみると、違反行為に対する規則による制約があること。会社選択の自由や個人の意思が尊重される、民主的意識の浸透などの違いがあるものの、原型をたどれば軍隊組織の延長線上にあることがよく理解できる。今でも、軍隊の存在と軍事力の優劣が紛争解決の決め手として必ず登場するのは、話し合いによる平和的解決を優先したくとも限界があるため、力による解決に走りやすくなり、その方が有利な結果を得やすいとの思惑と、民意を得やすいとの考えが見え隠れしているのが特徴である。しかし、圧倒的軍事力を誇るアメリカをもってしても、紛争の種はいたるところに転がっていて解決の見通しが立たず、悲しむべき状況に立たされている。技術進歩の落とし物なのか、時代が進んでも、動物同士の闘争本能意識は、究極のところでは変わっていそうにない。人類は、そんな苦難を何回となく乗り越えてきたことだろう。

視点を変えて、企業経営の場合は、本質的には自由競争が定着しているけれど、たまたま発生する、生き残りをかけた企業の勢力争いや特許侵害などの争いは、規則に守られ制約が加えられることと、最後は裁判所の判決という手法を使い、決着できる道が開かれているのが救いの女神でもある。ただ、これも、ソフトパワーによる戦略的解決策であることに変わりがなく、方法論はさらに多岐にわたることを示している。

横道にそれてしまったが、ほとんどの場合、リーダーの役割は、領地の拡大によりメンバーの生活を安定させ、褒賞などの手段で戦闘意欲を高めることと、組織体制を確立することが主眼になってきた。今日の企業組織の組み立てや経営戦略は、組織制度や研究体制の在り方と知財戦略、販路拡大によるテリトリーの確保、売り上げ増大と利益の確保、財務管理と投資資金の確保、リーダーシップなど、長年の宗教組織や軍隊組織から学んだ知恵や経験の集積が、現在に引き継がれている要因がよく理解できる。

軍隊組織と宗教組織

改めて、軍隊組織に並行する宗教組織の巨大な影響力について触れておきたい。無神論者はともかくとしても、精神的吸引性や社会的浸透度などにより、大多数の人の心に住みつき強力な信仰心を引き出し揺さぶる、摩訶不思議な存在である。誰もが持っている心の弱さを補ってくれる拒絶困難な、あり難く崇拝される存在でもある。大寺院やモスクに象徴される巧みな権威づけも、見事なものである。片や、ときに政争の手法として、あるいは教派間での宗教戦争も繰り返されており、争いごとによる影響度は、軍隊組織にも負けない心理的ダメージを、しばしば生み出している。それにしても、宗教の教義から学び受けてきた精神的遺産や、日常生活の支えになっている後ろ盾としての必然性、結果としてのビジネス活動への影響力など、付かず離れず硬軟織り交ぜ、人間社会にどっぷりと根を下ろし、精神性に訴える賢い組織の見本でもある。

どの分野でも、争いごとに勝つためには戦略を立て、持てる能力を最大限発揮できる最善の態勢で臨むのが理想である。特に軍隊の場合の最大の武器は、軍備の近代化であり大砲や拳銃などの殺戮マシーンの開発であった。しかし、相手がそれ以上の態勢と戦略、物量で攻撃してくれば、勝利は覚束なくなってしまう。経営戦略の立案も同じことであり、相手の出方や力関係を知るために情報を集め、最良と思われる攻撃手段を選択する。よく知られているゲーム理論も考え方の根本は同様であり、相手の出方によって攻撃方法を組み立て変更し、勝利に導こうとする。ことに、先手必勝と実行力とスピード感が大事であることは、いうまでもないことである。戦争戦略の核心に数学手法を取り入れ、ビジネスに置き換えた違いがあるだけである。もっとも、日本の政府関係者がよく使う、対中国との関係を「戦略的」互恵関係に基づいて発展させたいとの発言は、政治の場でのふさわしい使い方とは思えない。

このように、ビジネスモデルの走りになっているのは、軍隊組織が源流であることは何ら不思議ではない。経営戦略の立案、指示命令の一元化、コントロール・統制、組織の一体化、中央集権化、経営数学とORなどの多くは、軍隊用語からの転用であることが分かる。ここまでの、戦略的組織の要点として、次のようなまとめも可能であろう。

①身の安全と立場を確保するための争いごとが頻発

②まとめ役としての力の強いリーダーが必要とされた
③人の増加により組織を効率的に動かす階級体制を考案した
④日常的権力闘争の顕在化と領地拡大競争による生き残りの顕在化
⑤集団の慣習や伝統が組織体制の中に芽生えてきた

最後に、近代の軍隊は、国力の誇示と紛争への備えとして、最新兵器開発にしのぎを削っている。その高度な技術が民間に開放され、特に、企業の技術革新を支えてきた事例が数多く見受けられる。アメリカの軍隊は、最新鋭のハイテク兵器と最先端技術を装備した戦力を誇っており、名実ともに世界をリードしている。それだけに、企業にとっても魅力的であり、特化された高度な技術移転は、垂涎の的でもある。そうでなくても、ビジネス活動を推進するために軍隊の戦略方式から学び取ってきた、多くの要件を忘れることはできない。

軍隊の活動を支えている軍事産業も、経済活動発展の重要な目玉であり、紛争が起こるたびに景気が浮揚する場面もたびたび経験している。好ましいことではないものの、国土荒廃や避難民の悲惨さをこの時代において見せつけられるたびに、脱力感が頭の中を駆け巡る。これでは、不可侵宣言や積極的平和主義を唱え時代が進み、たとえ地球国家が実現したとしても、抑止力としての軍事力を否定する環境は、将来とも視界不良のままだろう。このジレンマを解消できる方法は、見つかる時がくるのだろうか。

6章　産業革命による産業力の拡大

植民地支配の時代

時代がさらに進み、中世に入るとヨーロッパ諸国の国土拡大意識は、近隣諸国などとの争いから、アフリカや南北アメリカ、そしてアジアなど海外に大きく目が向けられ始めた。それまでの、主に農産物中心の交易から、綿織物、香辛料などの取引が倍増した。その一方で、人類の貴重な発明の一つともいわれている、「株式会社制度」を生みだした意義はとりわけ大きいものがある。その代表的事例である、世界初の会社・東インド会社が1602年に誕生し、やがて海外まで進出し貿易を進め、取引形態を劇的に変えた功績は大きい。しかも、インドでは予想外の出来事として、イギリスインド会社が民間の会社でありながら、国内の乱れを利用し、私兵による植民地支配まで行った歴史も見えてくる。

しかし、一方でポルトガル、スペイン、フランス、オランダ、イギリスによる植民地支配が始まり、歴史的遺産や貴金属の収奪、農作業への強制労働、山林伐採などによる環境破壊。さらには、奴隷売買や先住民族の虐殺、暴行など残忍な行為が公然と行なわれるなど、史上最悪の蛮行が長く続いたことである。人を物や牛馬のように扱い、許し難い、人種差別意識も植えつけてしまった罪は重く消え去ることはない。これらの偏見は、今日に至るも後遺症として残り、言葉では解決済みのように受け止められているものの、深層には深い傷跡が残っているだけに、いつどこでトラブルが発生するか予測がつかないのが、残念であるが実態でもある。刷り込まれている意識は根が深いだけに、些細なことから火が付き感情が爆発するだけに、少しも油断はできない。特に、アメリカやヨーロッパなどで、現在でも深刻な事態に悩まされている。解消するまでには、長い道のりが、待ち構えていそうである。

いわゆる優勝劣敗・適者生存の法則を受け入れたのは、イギリスでは産業革命期であり、アメリカでは、西部開拓の時期と重なっている。そんな中から、ビジネス意識が浸透し、やがて資本主義思想が発展した経緯がある。その契機になったのは、イギリスから始まった産業革命以降であり、それまでの手工業生産から織機の機械化に代表される工場制手工業生産へ。さらに、ワットの蒸気機関の発明などが加わり、新時代のエネルギー革命へ突入している(英国中部テルフォードの近郊セバン川にかかる橋・アイアンブリッジゴーシュは、1779年前の産業革命当時の鉄生産の象徴であり、世界の工業の中心であった)。

だがイギリスは歴史的には、植民地政策や英国市場の地域分散性、錬鉄生産の小規模事業形態、陶磁器、綿織物、商社の強さ、同族会社、プライベートカンパニーなどの産業特性から、小規模形態が中心であった。それに、歴史的優位性による慢心と移民先のアメリカに対する政策上の手違いにより、新しい産業の発展に伴う大企業体制への移行は、アメリカの後塵を拝するという致命的ミスもあった。

イギリスの市場拡大

それでも、産業革命を引き起こした主要な要因について、ルイス・ダートネルの説によると、18世紀のイギリスでは、産業化に必要な推進力と機会を提供した要因が特殊に重なり合っていたのだ。当時、イギリスには豊富なエネルギー（石炭）があっただけでなく、経済は高い労働力（高額賃金）によって動かされ、片や資本の調達は容易であった。そうした状況が、労働力から資本とエネルギーへの置き換えを奨励したのである。

なお、多くの国では、鉄を作るため燃料として大量の木材を伐採したため、森林破壊につながりやがていくつかの文明が衰退した事例がある。だが、産業革命は製鉄革命により飛躍的に発展した。銑鉄から鋳鉄の生産が可能になり、鉄製品による生産が倍増したことと森林資源の消費低減に寄与したこと。つまり、人類のテクノロジーの出発点は「鉄」によるものであったという。そして、資本家対労働者の関係が生まれたこと。特筆すべきことは、資本主義社会への移行と工業社会、大企業の誕生を容易にしたことなどを挙げることができる。

そのプロセスをもう少し振り返ってみると、18世紀中ごろから産業革命の進展と共に、ヨーロッパ諸国は低廉で確実な原材料の供給源を求めるようになり、その多くは鉱石や農園に集中した。

19世紀中頃になると、土地開発、港湾施設、加工工場などに大規模で恒久的投資が行なわれていた。この時代の主役はもちろんイギリスであり、世界の金融市場と産業の中心でもあった。その上、海外領土を世界各地にたくさん領有していた。この時点では、世界最大の債権国として君臨しており、１８５０年において、世界の工業製品の総輸出量の43％を占めていた。工業化がすでに西ヨーロッパやアメリカに伝播していた20年後でも、イギリスは世界の総工業生産高の３分の1を占めるほどの力を有していた。いわゆる､当時の世界の工場でもあったのだ。また､イノベーション先進国としての技術力を持ち合わせていた事実は、現在に至るも侮れないものがある。

また、資本主義思想がイギリスで生まれた意義も忘れることはできない。もっとも、その芽生えを遡れば、フィレンツェの商人に到達するだろう（資本主義は十六世紀に砂糖のプランテーションで考えだされたとの説もある)。なぜなら、すでに、商売のツールとして複式簿記が採用されていたこと。そして、普及の先導役を担ったのが、かのルカ・パチョーリであり、彼の著書を通じて簿記の知識がヨーロッパに広まり、企業の発展と資本主義誕生に貢献し、今では、世界中に普及している偉大な功績によるものとされている。印刷機の発明もあって彼の簿記論の著書がヨーロッパ中心に波及した（ダ・ヴィンチに数学を教え遠近法の手法に影響を与え、また、彼の挿話を入れた本の出版や、共同生活もしたことがあるという)。

やがて、簿記会計の知識の必要性は、産業革命以降必須のものとなり、専門家としての会計士の誕生にも結びついている。また、ルカ・パチョーリがルネサンス期に書いた、数学のバイブル算術全書で、指数関数的増加についてはじめて紹介している。それは「72の法則」と呼ばれるもので、単位時間ごとにXパーセントずつ増える量は、およそ72／X時間で2倍になると説いている。[1] 誰が考え出したのかは不明とされているが、それらの業績などから、会計の父とも呼ばれたりしている。

その後は、イギリスの偉大な実績も第一次大戦以降大きな変化が現れてきた。その要因は、いうまでもなく、広大で資源に富み新進気鋭の野心国家、アメリカという超大国の台頭によるものである。このように、中世以降のヨーロッパが、思想的、資本主義制度と産業資本、技術革新の中心地になり世界的リーダーとして君臨してきた、経過がよく理解できる。ただ、現在の産業体制も、ヨーロッパが世界の先導役を担ってきた結果であり、今でも、そんなプライドがときおり見え隠れすることがある。その傲慢さも以前よりは成熟しているものの、差別発言なども時おり表面化することがあり、刷り込まれた意識は、次世代にまで引き継がれていく怖さがある。

ただし、経営パターンを考えるうえで避けて通れないのが、歴史的にヨーロッパ経営学が先行し、経営経済学とも呼ばれたドイツ経営学が、その中核をなしていた。ただ、経済学はアダムスミスに始まるといわれているだけに、経済学的な色彩が強かったことや重商主義の流れなどからしても、アメリカ的実証主義の方向性とは、一線を画していたことである。その遺産をアメリカが受け継いだことで、新天地における資本主義体制が、急速に勢いを増すことができた大きな理

1 『どんな数学にも物語がある』 アレックス・ベロス　水谷淳　SBクリエイティブ

由とされている。よく見られる、先発者よりも後発者の方に有利に働く、よくある好事例でもある。

今では、植民地として支配され遅れてきたアジア諸国の経済発展により、世界経済に及ぼす影響を考慮せずにはいられない現状と、規模と人口の大きさとが新時代をつくり出すのに寄与している。この関係変化こそ時間の推移による進展であり、双方の距離感が大幅に改善され、むしろ、認め合うまでになった典型的事例でもある。これから、アジアの世紀が訪れるのは確かであり、止めることのできない大きな流れといえるだろう。

地球社会は、特定の強い力に支配される時代は終わりをつげ、複雑な方式を単純な方式に組み変え、エネルギーロスを可能な限り抑え込み、個々の主体性を尊重する体制に移行することは、避けられない情勢を迎えている。時代の進化は、このような歴史的転換を招き入れる転機を演出してくれている。それだけに、過去の不幸な植民地支配や人種差別問題など悩ましい問題を一刻も早く解消し、対等な社会関係の構築に邁進しなければならない。その切り札になるのは、地球社会の健全な経済成長が不可欠であり、それを支えるビジネス活動を活発にすることである。その先に、貧困撲滅への期待が複合的に透かして見えてくる。

7章　アメリカ型産業発展の流れ

アメリカ式資本主義の定着

歴史的にも世界的にも、今日の資本主義の発展と企業活動を飛躍的に向上させた国、それはアメリカ抜きには考えられず、19世紀以降の発展から現在に至るプロセスを通じて、鮮明に読み取ることができる。確かに、今日の資本主義に対する行き過ぎた批判など、物事に対するプラスとマイナスの側面は必ず付いて回るものの、人類にとって最大ともいえるエポックメーキングな変革を生みだしたこの事実は、いずれの側面から分析し判断しても、否定できる要因は見当たらない。

かつて、西部劇の一コマに新たな土地の所有者を決める手段として、ヨーイドンで馬を走らせ、速いもの順に自由に場所取りを決めていくシーンが映し出されていた。西部開拓時代の人手不足や国の政策的手段であったとはいえ、広大な土地と豊かな平原があったからこそ、こんな荒っぽい手法もまかり通ったのだろう。また、自由の国ならではの力の強いものが生き残り、先手必勝と正義とは銃なりの考え方が通用したからでもある。とはいっても、無人の荒野だけではなく先住民との間の、土地争いも過激であったことは、西部劇のシーンでどれだけ目にして驚かされたことか。映画といえば、ジョン・ウェインに代表される、西部劇に酔わされていたころの名残を思い出してしまう。

アメリカ合衆国の独立宣言は１７７６年であり、まだ３００年にも達していない若い国である。しかし、これほどの新興国が忽然として現われ、またたく間に、世界の盟主となり君臨できたことが不思議でならない。考えてみると、カナダもオーストラリアも、同じイギリスから独立している。そのイギリスは、その他にも、世界各地に支配国を抱えていたのだから、当時の勢力図は相当なものであったことが容易に想像できる。先述のように、島国イギリスが、どのようにしてなし遂げたのか。戦略が際立っていたことと、経済力、技術力、財政の面でもナンバーワンであったことが、後押ししていたのは明らかである。悪く言えば、世界中にイギリス国旗を立てて歩き支配地にしたとの説もある。しかしその後、新興国のアメリカが急速に力をつけ、盟主交替を果たし、抜き去った典型的ケースとなり現在につながっている。広い国土と資源に恵まれ、新しい力による相乗効果で加速化された、史上まれに見る大転換といえよう。

例えば、いくつもの国の宗主国であったイギリスを始め、ヨーロッパの伝統的諸国や中国など長い歴史を誇る国々にとっても、心中穏やかではなかったことは、時間の針を止め、訊ねてみたら、当時の不可解な心情が写し出されたことだろう。歴史という後戻りのできない歩みの積み上げは、その分、同じように環境変化も生みだし進化を遂げてきた。この事実こそが根底に横たわる大きな要因と考えられる。さらに、時代的にも産業革命が始まったことで、飛躍的成長を推し進める条件が整備されていたという、アメリカにとって願ってもない幸運に恵まれたことにある。

また、「経済活動」を中心にした人々の意識が、大きく変化し始めていた流れも転換への大きな一コマになっている。新興国ゆえの強みとチャンスを最大限生かし、経済成長力を背景に有利な世界戦略を展開できたことが、他国を圧倒できた重要な要因といえるだろう。それにしても、華々しいニューリーダーの登場と実績の前には、納得せざるを得なかった実態が今日まで続いてきたことは、人類史上において特筆すべき記憶となって残ることだろう。

過去には、侵略戦争という武力中心とした支配、あるいは、植民地支配による略奪行為などの、好ましからざる事例はいくつも挙げることはできるが、アメリカのケースは、地球規模での資本主義体制による産業支配という、現代的方式による際立った特色を見出すことができる。もちろん、そのことによる功罪は、その後の展開から今日に至る多くの課題が、随所に見え隠れしている通りである。その根底には、ゼロサムゲームの意識から逃れられない、勝者と敗者という方程式が横たわっているからであろう。ともかく、端的にいえば、世界的な経済拡大の時期到来であり、新たなパラダイム転換のチャンスが巡ってきたと言い表わすこともできる。

なぜ、短時間の内にこれだけの大飛躍を実現することができたのか、別な観点から捉えてみたい。その一つに、アメリカの歩みは中世なき近代であり、宗教改革なきプロテスタンティズムであり、王や貴族の時代を飛び越えて、いきなり共和制になった国である。こうした伝統的な権威構造が欠落した社会では、知識人の果たす役割も突出していた。また、反知性主義は、どんな学問のどんな権威もぶっ飛ばすことができる。その拠り所を提供しているのが、宗教的に基礎づけられたラディカルな平等意識である。

また、アメリカに固有の現象として定着し、知性の越権行為が疑われるところでは敏感にそれを察知し批判力を発揮する。社会がそもそもの初めからブルジョア的基礎の上に出発した。[1] さらに付け加えると、社会の開放性とプラグマティズム的傾向と相まって、技術の伝播は急速であり、その経済的利用も著しく進んだ。そこには、雄大な西部開拓史になぞらえた開拓者精神が、推進力になっている点も見逃せない。

この説からすると、経営管理に関する考え方は実践優先主義であること、広大な大地と豊かな資源、そして、産業革命後の工業生産技術を拡大するタイミングに恵まれたこと。何よりも、既成の枠組みにとらわれることなく、自由に切り拓くことができる最適な環境条件が待ち受けていたことなどが、複合的に重なり合った結果といえるだろう。

そのアメリカも、18世紀末、独立直後の企業と呼べるものは、海運業、仲介商業、卸・小売業といった商業＝貿易業にすぎなかった。そして、南北戦争までの製造工業の規模は小さかったため作業管理上の革新も、組織管理も必要としていなかった。企業が地方企業から全国的規模に発展したのは、19世紀末のことであった。ここに、改めて経営管理の必要性が生まれた瞬間でもあった。また、当時の大企業は、運河会社と鉄道会社であったが、その後、消費財製造工業と農産物

1　『反知性主義』　森本あんり著　新潮新書

加工工業へと広がっていった。

また、当時の経営に関する推進役はもっぱら鉄道会社であり、1880年代のペンシルヴェニア鉄道は、近代的な管理組織を備えた最初の民間企業といわれたように、この時期すでに「ラインスタッフ組織体制」になっており、模範的経営システムと目されていた。鉄道が全国的に敷設されたことにより、各種の物資の輸送が容易になり各種分野の産業発展に大きく貢献した。そのころまでの小規模経営から規模の拡大に伴い、資本家による経営から、現場作業を任せる「内部請負制度」が採用されるようになった。さらに進み、規模の拡大による「資本と経営の分離」態勢への変化が注目された。

そこには、出資者を広く募るための株式会社制度の導入が、重要な分岐点になったことはいうまでもない。同族経営よりも能力のある専門経営者に、経営を付託する道が開かれた訳でもある。[2]つまり、能力は競争を通じて示され、収入によって判定される方式は、まさにアメリカ的で自由競争を歓迎する、社会的風土から知ることができる。この風潮は、今では行き過ぎとの批判の声も聞かれる通り、役員報酬などの巨額さや企業価値の大きさには、圧倒されるばかりである。島国と大陸との歴史文化の違いは、言葉では埋めることのできない、大きなギャップが横たわっていそうである。

1921年には、大規模化した企業では管理が行き届かなくなり、分権的事業部制組織が考案

2 『企業発展の史的研究』 鳥羽欽一郎著 ダイヤモンド社

され、デュポン、フォード、シアーズ・ローバックなどが順次導入している。当時、小売りの雄であったシアーズ・ローバックは、この時期に代表的企業として、通信販売や金融など多角的経営で注目を集めていた。シアーズの有名なカタログは、１８９５年には５３２ページもあり、アメリカの全家庭にまで配布されたという。実際手にしてみて大きさと分厚さに驚いた覚えがある。製造業の大規模化と共に販売部門を担う小売部門にも大企業が誕生していたのは、アメリカ特有のものであった。

ともかく、その間の産業間ごとの盛衰は、技術革新や州内での事業活動から国内全体への事業拡大、そして海外への進出などを通じて積み上げられてきた。しかし、どんな困難にも革新の意欲は衰えず、持ち前のチャレンジ精神で突き進んできた。この時期に、経営の基本となる各種組織形態ができ上がっている。そして最後に、アメリカ的大企業の特色である、垂直的企業統合に発展した19世紀末から20世紀初頭の10年代にかけては、集権的な企業組織が発展し、職能的に集権化した管理機構が成立した。重化学工業の発展による経営の大規模化、資本の集中と近代的企業の成立などによるもので、日本の戦後の経済成長プロセスにも、同じような傾向が見られた。もちろん、欧米の資本主義方式から学んできたのだから、当然の成り行きでもある。

アメリカでの工業化の流れは、綿織物に始まり、鉄道の発展、重化学工業から金属、化学工業に波及し産業化の基盤を固めつつも、常にベースになっているアメリカ的生産方式と呼ばれた、大量生産方式と互換部品のシステム化であった。広い国土と豊かな資源、それに加えて急速な人口増加、技術革新、移民による多様な考え方を取り入れ、階級制などの既成の制約がほとんどなかったことなどが、大きな特色として挙げられている。それは、19世紀以降の革新は、新しい組織の創造とマーケティングの方法にあったといわれるように、大量販売ニーズを可能にする方向性にもつながっている。

企業の大規模化には、地域的分散と垂直統合による方法に加え、組織力の強化が求められた。科学的管理手法導入以降の機能別組織やラインスタッフ組織、そして、事業部制組織へと組織規模の変化に伴う管理体制強化を着々と進めたことである。また、系列化によるグループ組織の拡大と海外戦略の進展へと、着実に地歩を固めてきた。もちろん、人事管理体制の充実や労働組合体制への対応、経営の多角化と集中化、あるいは、垂直的企業統合の動きに見られる、独占的企業活動規制への攻防なども、歴史的に重要な通過点であったことはいうまでもない。

たとえば、アメリカ製造業を代表するフォード自動車の経営スタイルとして、ゴム園から鉄道、鉱山、炭鉱までも所有していた時期があった。また、フォーディズムとして世界の生産システムをリードし経営手法として認知されてきたのは、独占を規制するアメリカ特有の政策として、垂直的規模拡大方法しか認められなかった時代の残滓であったため、その分、自社生産として抱え込んでしまうしか、選択の余地がなかったからである。ヘンリー・フォードは食肉加工工場で牛が手際よく解体されていくのを見て、自動車の組み立てラインを思い付いたといわれている。これこそが、大量生産の代名詞ともされている、ベルトコンベア方式である。物づくりの技術が食糧生産に応用されたケースである（このシステムは、イーライ・ホイットニー、オリバー・エバンスにより一世紀も前に発見されていた）。

世界一産業国家の自負

ここで、アメリカが躍進した理由を再度述べておきたい。アメリカは二度にわたる世界大戦の軍事的勝利により、世界の債権国として絶大な力を備えることに成功し、確実に、世界の主役であったイギリスに取って代わったのである。つまり、アメリカは各種の相互関係における新しい頂点に達した。周囲の状況とアメリカの経済、政治、軍事活動の努力は、アメリカの諸機構が資本主義世界を支配できる状態をつくりだした。戦後の時代におけるアメリカの偉大なる繁栄は、支配的役割に根差している。軍事施設とその活動の維持は、直接、間接の企業活動との利潤の主要な源泉であった。生産活動と金融は、この地球全体にわたる軍事力の保護のもとに、海外に拡大して利潤を上げた。

軍事、金融、製造業の対外的拡張は、アメリカが世界の銀行業の指導権を握り、ドルが世界の基軸通貨として支配する支柱になったこと。次に、アメリカの金融市場が果たした中心的役割は、海外の軍事行動、製造業と銀行業の国際的拡大、帝国主義支配網を巡らし統制する手段としての対外援助の行使、などの資金を供給する方便にしていたことである。これらの動きが、その後における、多国籍企業発展の前提になっていたことになる。しかも、１９２０年代には、すでにGM、フォード、コダック、コルゲートなどの代表的企業が欧州に進出し活動していた実績があり、日本に関しても、GM、フォードはノックダウン方式で自動車の販売活動がすでに開始されていた（そのフォードは、90年後の今日、日本から撤退することが報じられている）。

その後も、黄金の60年代までアメリカ経済の全盛期は続いたが、独り相撲であった経済活動にも油断が生まれ、日本や欧州諸国が経済力を向上させたことや変動相場制への移行を余儀なくされるなど、相対的力関係に変化が見られるようになった。主力だった製造業の流れ作業方式から、トヨタの生産方式に注目が集まるなど、アメリカ式経営スタイルにほころびが出始めた時期と重なっている。

もちろん、それまでに、科学技術や経済と経営に関わる実践を主体にした手法は、世界中に大きな影響を及ぼしたことは、改めて述べるまでもない。企業活動の近代化に関する主導性がいかんなく発揮され、20世紀以降の世界経済発展にこれまでにない連鎖的変化をもたらしたことは、今日の経済体制変転の姿から、余すことなく汲み取ることができる。もちろん、製造業優位の欧州型権威主義ではなく、チャレンジ精神旺盛で大量生産から大量販売をベースに置いた、アメリカ式マーケティング意識を浸透させたことは、後に、グローバル化への進展と重要な関連性を持つことになる。

生産と消費を対等ないしは消費先行の意識を定着させたマーケティングの考え方は、今日のW

ｅｂ社会のニーズにマッチするものであった。消費者心理・消費動向の徹底した分析、流行や単品管理による売上分析から販売予測など科学的分析ツールの開発などにより、単に販売することからキメ細かな顧客サービスの実証的研究につなげてきた。今日のうねりになっているＳＮＳの動向にも連動するもので、消費者＝生産者＝販売の関係が一層緊密化になり資源の浪費を少なくし環境に適する、マーケティング活動に進化させている。

ビジネスコンピュータからパソコンに至る流れも、若き起業家ビル・ゲイツによるWindows旋風に影響され、ビジネスシステムを根本から変えてしまったことである。経営の効率化やシステムの構築など、頭で考え立案していた経営計画など複雑な事柄が、コンピュータソフトによる処理が可能になり、勘の経営から数値化された経営体質強化に貢献した。また、意思決定の合理化やスピード経営、規模拡大とマクロ的経営管理など、新しい経営次元への扉を開いた意義は極めて大きい。

もちろん、経済や経営に関係する主導的役割も、結果として、豊富な先行事例をベースにして、世界的影響力を行使してきた。経済学に関しても、ノーベル賞受賞者の多さから分かるように経済理論を常にリードし、アメリカ発の理論がすべての時代もあったほどである。まさに、パックスアメリカーナ全盛期であろう。マネジメントに関しても、多国籍企業の事例を参考にしたマネジメント論に触発され、また、組織形態や組織管理論に関する多数の書物に啓発された記憶は、忘れることはできない。もちろん、経営全般に関する書物やチェックリスト方式による実践的内容に関するものも、多数見受けられた。その中でも、投下資本の回収と利益を生み出す経営体質の必要性を説き、そのツールである財務管理に関連する記述の多さと重要性を教えられた、日本の経営者が多いのは当然である。未だに、国内企業の利益率の低さなど後遺症に悩まされ、多くの点で見劣りしたままである。

組織形態に関しても、機能的組織体系をベースにしラインスタッフ組織へ。やがて、事業部制組織を補完するマトリクス組織、カンパニー制組織、水平型組織などさまざまな仕組みが導入され試行錯誤されてきた。それは、権限移譲による経営の立て直し、従業員の能力開発に注力し、新たな競争国に対処する手法として、開発されたものでもある。ビジネススクール設立のネライである経営者・リーダー養成の取り組みも、全体的経営管理や精神的役割を含め、おおむね目論見通りの成果を残してきたといえるだろう。

その他にも、景気動向に関連して経営立て直しの重要性を訴えかけてきた、いわゆるパラダイムの転換的書物も多数見受けられた。たとえば、リエンジニアリングとは、コスト、品質、サービス、スピードなどを劇的に改善するために、ビジネスプロセスを根本的に考え直し、徹底的に設計し直すこと。企業の導入目的とは、全体最適化、標準化、統合システム化、オープン化、グローバル化である。また、エクセレントカンパニーなど、後発国の成長に対処するために、国内企業に向けた対策関連のものも目立つようになったことである。特に、敗戦後、必死に追い付き追い越せの日本やドイツが成長することにより、弛緩していたアメリカが、初めて真剣に取り組んだ姿勢が、現在にいたる再飛躍の流れをつくり出している。経営の科学に関しても、ＯＲや経営数学、在庫管理、意思決定論、確率と統計などの研究も盛んにおこなわれてきた。

ともかく、ここまでのアメリカ的パターンは、大きくなりすぎた弊害と地球環境汚染の先陣を走ってきたことなど、諸々の課題を抱えているにしても、その実績が図抜け他の国の追随を許さないものがあったことは、すでに何回か述べたとおりである。正直なところ、アメリカの変化を語るとき、今日では、アジアやヨーロッパなどの追い上げにより、一極集中であった力関係に別の力が加わり、断トツではなくなったものの、科学技術、経済力、金融支配、コンピュータとＩＴ革新、ベンチャービジネス活動などを通して、依然として世界をリードしている国であることに変わりがない。ただ、一極集中による弊害は長く続くものではなく、時代の変化が生み出す環境変化こそ、必然的に緩和状態が生まれ、均衡的競争関係の図式が描かれるからに他ならない。先端科学技術とコンピュータ化、ロボット化の進化が、緩やかに国際間の力関係を変える役割を背負うことになると考えられる。

ただ、アメリカ式パターンは、ここで取り上げている他のパターンと異なり、直ちに新パターン代わるわけではなく、これまでのような、最先端の技術開発力と高度な知能を集約し、ダイナミックな活動を継続していくことは間違いないからである。異例の長期パターンであることから、ライバルが現われるのが理想であるけれど、しばらくは先陣を切ってリードしていくと考えるのが自然な認識であろう。特に、人的資源に恵まれ、新旧の入れ替え機能が、持続的に働いている点が魅力的である。その点でも、人口大国中国とは、本質的に異なる要素が多く、追従を許さない強みがある。

８章　工場式農畜産ビジネスの誕生

農畜水産分野の経営管理

これまで農畜産分野に関する経営視点からの取り組みは、正直なところ、あまり注目されてこなかった。事業の内容そのものが、自然現象に左右される側面と取扱商品が食料品であることにより、ビジネス感覚意識の導入など、そぐわないものと考えられてきた。国内的には、戦後から続く農協支配の在り方も、大いに関係がありそうである。また、食に対する安全意識から、利益優先の思想は敬遠されてきたことも要因の一つである。特に、日本人の主食であるコメに対する意識は、現在に至るも例外扱いされ、長いこと聖域扱いのままであった。戦後の食糧難を乗り切る手法としての配給制度を維持するため、毎年、年末恒例であった国からの補助金を加えた価格設定がおこなわれてきた。その慣例が、農家への補助金制度として、紆余曲折しながらも長い間続けられてきた。

この制度自体は、アメリカのような農業国を始めフランスやドイツなどでもおこなわれている。結果的に、大手農業者に有利な制度になってしまっている。国内では、長年の懸案事項であった農協制度の弊害や在り方、そして、ＴＰＰ参加交渉も絡んで、ようやく、改革のカジを切ることが決まり、不十分ではあるが農協法の改正もおこなわれ、変革の兆しがみえはじめている。

このように、農業に関わる問題は簡単ではなく、農家を保護するための対策に終始し先送りされてきた歴史がある。食糧の自給率換算方式についても、不可解であり国の実態説明も不足しているとしか思えない。これまでは、工場生産や小売業のように利益中心の経営は、当然のごとく避けられてきた。簿記会計の導入は農業が最初だとする意見も聞かれるが、重農主義よりも重商主義時代の商業経営が先行したことは、間違いはないからである。国内の農業は、少ない農地と補助金制度に安住して、聖域を死守しようとする体制に異論を唱え、自立できる農業をめざす前向きなグループが、各地に誕生するようになった。農協の牙城が崩れ農業法人組織による、株式会社方式の体制を導入する動きがあちこちに出始め実績も残している。複式簿記の導入とコンピュータソフトを活用し独自の経営理念の下、売り上げ拡大と適正利益を上げる方式を採用し、自立したビジネスパターンで生き残ろうとする前向きな姿勢は、期待と評価につながっている。

すでに、オランダの農業者のように先駆的コンピュータ管理で成功している事例は、独自に競争理念を導入することで、他の産業と同じ資本主義原理を受け入れ、国外にもそのモデルを移転させるなど、ビジネスセンスが旺盛である。現にこの所の、道の駅での成功や農家による農産物売り場の盛況ぶりからして、食に対する消費者意識とニーズの高さが肌で感じ取れる。また、鮮度のよい野菜の購入、食の安全や健康面に関する認識が、各種媒体やスマホによる情報交換など、かつてないほど共有されているだけに、今後の展開が待ち遠しく感じられる。

これまで受け身の事業運営であった農業者の事業組織への進出は、異業種からの参入者も含め、経営やマーケティングの知恵を有効に活用して、他の分野の事業者に追い付き追い越せの姿勢で、農業の閉鎖性を解きほぐすことを期待したい。これまでの聖域意識が、結果的に農家自らの首を絞める状況に追い込んでしまっては、時代錯誤もはなはだしく、どこからも支持は得られないからである。

さて、食糧を確保するために農業が担ってきた役割について、ジャーナリストとして著名で、ビジネスおよび環境に関する問題を長年取材し、追求しているポール・ロバーツの説を紹介したい。農業は人類最初の経済組織や職業分化を生み、会計や経営の概念をもたらし、取引や投機のシステムをつくり、最終的に資本主義という一つの具体的な経済体制を生み出した。さらに、第二次世界大戦後のアメリカで始まった農業と食品加工業の大きな変化は、生産性の向上や価格の低下をもたらす一方で、アメリカの基礎にあった農村文化をほとんど破壊してしまった。[1] ここでの、会計や経営の概念とは、物々交換による取引の意味だと考えられる。

この説は、アメリカの資本主義が世界に浸透し、特に工業生産においてリーダーシップを発揮し、圧倒的力を誇っていた時期と軌を一にしている。つまり、この時期（１９３３年に農業法が定められ、工業化をめざす農家に、補助金が支給されるようになったからだという）に農業分野にも大規模経営手法が導入されたことを示している。それでなくても、広い国土に加え、最新の

1　『食の終焉』ポール・ロバーツ　ダイヤモンド社

農薬と技術革新による機械化農業が導入されたのは、必然的流れでもあったことが容易に理解できる。どの分野においても、大量生産と大量消費という大型化実現によるコストダウンの意識は根強いものがあり、畜産や農産物に関しても例外ではなく、むしろ、有力な輸出商品として世界的支配力を確立していった。当時の日本も敗戦国としてアメリカから巧妙に輸入促進を強いられ、今日に至るもその後遺症に悩まされている側面が感じられる。こうしてみると、どこの国においても、農業者の圧力は相当なものであったことを知ることができる。とにかく、食がなければ生命維持ができず、生活に直結する生命線を握っているからだろう。

だが、農業も産業化されひとたび大型化の流れに組み入れられると、必然的に競争関係が激しくなり、より効率化を求めて環境破壊の道を進まざるを得なくなってしまった。今日、深刻な環境問題として議論されている、農薬や除草剤の散布による健康被害の増加、牛、豚、鳥などの糞尿処理、さらには、地下水の散布による水位の低下、工場排水による公害などと同様の被害が、世界的に問題になっていることである。農産物や畜産関連の商品が、世界的に取引されるようになり、同時に、人口増加と肉類に対する消費が増大するにつれ、またたく間に環境被害や人的被害を無視できなくなり、政治問題化してしまった。まさか農畜産業にこんな困難な課題が浮上するとは、予想もしなかったことだろう。自然農法に近い農畜産業経営の道を探ることは、不可能なのだろうか。

ここまで、工業化された農業による影響について、いくつか特徴的意見を述べてきた。さらに、フィリップ・リンベリーが世界各地を飛び回り取材し、まとめあげた著書を参考にいくつかの要点を紹介しておきたい。[2] ともかく、これだけの問題点の提起と改善策をまとめるのは容易ではなく、その行動力には敬服してしまう。また、世界中で起きている工業式農業関連現場の実態が浮き彫りにされ、あまりにも悲惨な現状に関する知識不足と解決への道のりの難しさ等々のショックの大きさに圧倒され、読み進むのを躊躇する気分になったほどである。また残念なことに、肉類や養殖魚に対する悪印象が倍加したことである。ともかく、この手の本は、多くの読者に読んでほしい。スマホだけの知識では、本質的な情報に接する機会を見失ってしまう。

工場式農場の実態

よく話題になる、カリフォルニアのセントラル・ヴァレーは、世界屈指の大規模酪農場が集中している場所だ。同州では１７５万頭の乳牛が飼われているが、乳牛たちは殺風景な狭い小屋に詰め込まれている。そして、１年で約60億ドル分の牛乳を生産し、９００万人分の糞尿を出す。品種改良、濃厚飼料、成長ホルモンを与え、自然の限界を異様なほど超えて乳牛を出させるため、わずか２、３年で使いものにならなくなり、食肉に加工される（酪農場の牛は、ぬかるみと鉄板屋根とコンクリートに囲まれて暮らしている、牛舎の大半は、さびた扇風機があるだけ）だけと

２『ファーマゲドン』フィリップ・リンベリー　イザベル・オークショット著　野中香方子訳　日経ＢＰ社

いうお粗末さである。

工場式農場の誕生には、経済的圧力と企業の利害が複雑に絡み合っており、何が正しく何が間違っているのかはっきりしない。一つ明らかなのは、大規模酪農場は危機的なまでに人々の身近に迫っていて、そこでは、人と牛と環境とが、搾取と消耗のおぞましいダンスを踊っているのが現実なのだ。そして、人も牛も環境も、限界まで搾りとられ、枯渇していく。本来、牛の胃袋には適さない穀物飼料を与えられるため、ほとんどの牛が胃袋の病に侵され寿命も五年と短い。この姿こそ、表現しようのない残酷で悲しい実態である。

狂牛病・BSEは2000年初頭にイギリスで発生して以来、情報が共有されるようになり世界的に素早い対策が進められるようになった。発生源は肉骨粉を資料として与えたからだといわれているが、意外なことが起こったのは、イギリスにもアメリカ式に習った工場式農場が、存在していることを示している。幸い、国内では、大型の工場式農場に関する事例を耳にすることは、ほとんどないが、それでも、近年では宮崎県での口蹄疫病の事例など皆無とはいえない。国土は山林が世界有数で平坦な農地の少なさ、草食民族であったことなども関係しているだろう。その分、輸入に頼らざるを得ない現実が待ち構えていて、絶えず交渉事に苦渋している。先進国では最も低い食糧自給率からして、知らず知らずのうちに懸念材料に事欠かない輸入食肉に頼らざるを得ず、直接・間接に工場式農場の生産形態を後押しするパターンから、抜け出せないのが現実である。

雌鳥の場合も、牛や豚と基本的には同じ工場式農場で飼育されている。陽の当たらない密閉式で屋根の低い飼育小屋のケージに閉じ込められ、Ａ４用紙一枚分のスペースしか与えられず羽を動かすこともできず、ひたすら糞の上の生活という劣悪な環境下で短い命を終わっていくという。与えられるものは、生きていくのに必要な最低限の餌と水だけだという。小屋が密閉式なのは、野鳥からのウイルスを防ぐためとの説が有力であったが、現在では、その説は間違いだったことが明らかになっている。こんな現状を知るにつけ、あまりにも情報と理解不足であることを痛感させられ、いたたまれない気持ちでいっぱいになってしまう。

ポール・ロバーツによると、鳥の品種改良をおこなう企業が、消化管の働きを改善するなど鳥の成長に影響する要素を、全面的に操作できるようになったこと。それまで、成鳥に達するまでの十週間を四十日に短縮できるようにしたこと。飼料にもでん粉、アミノ酸、抗生物資、タンパク質などを配合したものになった。

また、豚も品種改良され、配合飼料や添加物、抗生物資の導入によりより速く成長し、以前より大型で多産になったこと。肉そのものは、牛や鳥と同様、人工飼料で短期間に成長させられるため、脂肪分が多くなり良質なたんぱく質が少なくなったことが、大きな課題になっている。

養魚場は水面下の工場式農場であり、急成長している集約的な動物飼育の部門の一つである。この養殖場の魚が海の負担を減らし、天然魚を保護するどころか、餌となる小魚を奪い取っているという。魚の乱獲を防ぐどころか、一部事業者による利益中心主義の手助けをしていることと同じである。世界の漁獲高の約五分の一が、ほかの魚の餌として浪費されている、とも述べている。また、養殖での課題は、狭い場所に囲われて育てられるため、寄生虫に取りつかれることや糞による海水の汚染、藻類などの発生、餌として肉骨粉などが与えられるため、脂肪分の多い肉質になってしまうことである。

グローバル社会では、生産する食べ物の半分を、家畜に与える、廃棄する、基本的技術の欠如ゆえに腐らせる、のいずれかによって無駄にしている。また、土地を酷使して目先の利益を追い求めるため、未来の持続可能な収益を犠牲にしている。毎年、世界で捨てられる肉を家畜の数で表わすと、116億羽の鳥、2億7000万匹の豚、5900万匹の牛になるという。また、農地の三分の一が、大規模農業経営に使われている。そして、穀物の三分の一は家畜の餌に使われているというのだから、食糧不足要因の一つに挙げられても弁解の余地は見出せないだろう。

世界の各地で飢えに苦しんでいる人の数は、10億人もいるというのに、片や世界の食料の三分の一が捨てられているという、アンバランスな実態が進行している。なんと人のなせる行為と業は、罪深きことだろう。特に、先進諸国に多いこの不自然さには、当面の食料を確保できている一人として、申し訳ない思いが駆け巡る。あの質素倹約と思われているドイツでも年間1800万トンも廃棄しているため、警告が出されているものの自給率そのものは高い。日本では自給率が低いのに、1千万トン以上も廃棄されるという不均衡な状態である。しかし、この富めるものと貧しいものとの格差は、さらなる環境破壊と日常生活のベースとなる食物連鎖の流れを断ち切り、貧しい国の罪のない子供や老人に負荷を押し付け、助長するパターンから逃れられないままである。

日常生活においても、養殖の魚より天然のもの、ハウスの野菜よりも露地物を優先する感覚から離れられず、安全性や健康面を意識した消費が増加することで需給のバランスが保てなくなり、結果的に売り上げ不振や大量廃棄などにつながっている。同時に、天候不順による魚や野菜の安定的供給に、赤信号が点ることも憂慮されているだけに、養殖による食品の供給や遺伝子組み換え食品の増加は、背に腹は代えられない戦略として以下に述べるような理由で認知され、天然ゆかりの食品が、むしろ劣勢に立たされていることは否定できない。

魚の養殖の場合、マグロなどに見られる世界的需要のひっ迫が、資源の安定供給へのまことしやかな宣伝文句になり、格好の奨励手段として使われている。今や、どんな魚でも養殖が可能になっている感じであり、シールをしっかり確かめないと、購入した後で後悔する事例によく出会うことがある。日本人好みのマグロも取り過ぎで規制が掛けられてしまい、養殖物に頼るしか方法がなくなるのだろうか。しかも、近頃の養殖物は、見た目にも綺麗で価格も天然ものよりも高いケースが出始めている。それに、餌の関係で、脂肪分が多く味もおいしく感じられるが、健康面から考えたら安心してはいられない。海水の汚染や病気などの点から判断して、海を自由に泳ぎ回る天然もの主体にするのが、本来の姿であることはいうまでもないことである。

ハウス栽培野菜の場合は、今や季節に関係なく温度調整のために多量の化石燃料が使用されていることを、消費者は常に意識しているわけではない。季節感のないトマトなども、美味しそうに色づいている割に、本来のおいしさが感じられず、がっかりさせられるばかりである。それでも我慢して買わざるを得ない現状は、欲しくないものを食べさせられている感覚であり、時代の進歩と調和しているとはとても思えない。健康に関するテレビ番組からは、毎日のように野菜をたくさん食べなさい、足りない分は補助食品で補いなさいと呼びかける、実に利益本位で便宜的なビジネス手法ではないだろうか。

それだけに、有機野菜もブームになっている。しかし、そのブームに便乗して表示だけでは分からない、怪しげな品物もかなり出回っているらしい。虫の耐性が強くなっているだけに、農薬を使わなかったら商品にならず、手入れも簡単ではない。種をまき雑草と一緒に成長するのを待つ農法も時々紹介されている。それでは、ビジネスとしては不安があるだけに、相当広い農地を所有していないと、有機野菜の栽培を続けることは容易ではない。有機栽培まがいのものやラベルだけを有機栽培にするなど、便乗物も現われているだけに要注意である。この攻防も、消費者が見分けるのは難しく、片や生活を維持するための手法であるだけに、双方が満足できる解決法は簡単には見つからない。

今や、ビルの屋上は当たり前として、工場跡や地下室、ビルの中でも野菜の栽培が始まっている時代でもある。自然栽培のものと栄養価では遜色ないと宣伝されているものの、ハウス野菜などを含め栄養価やコスト面での違いが気にかかる。はたして、自給率が低く人手不足の時代の切り札になり、おいしい野菜が期待できるのだろうか。時代遅れの農薬先進国である農業の姿から脱皮し、自然に近い本来の循環型農業に立ち返り、環境面でも貢献度を高められる道を探り続けたいものだ。

ただ、日本で使用されている農薬は、アメリカや中国のような残留農薬の問題は、あまり発生していない。つまり、あまり強い農薬は使用されていないのだが、近頃は、空気汚染による被害が出始めていることと、虫の耐性が強まり農薬を散布しても害虫を防げなくなっているのが実態だと、近隣の農家で聞かされたことがある。そして、地球温暖化による気候変動が、農産物や水産物など生鮮食品の生産形態に影響を及ぼし始めているのも気がかりである。

農畜水産業の今後

遺伝子組み換え食品のケースも、反対していたヨーロッパが２００５年から様変わりした。ドイツ、フランスを含む欧州連合五カ国が昆虫抵抗性のトウモロコシの商業栽培をおこない、２００６年には増加が見込まれるようになった。植物のバイオマスを使って持続可能な社会をつくるためには、遺伝子組換えは不可欠な技術である。[3] 地球上の過剰人口を維持するためには、もはやこの道は避けて通れない。また、地球環境を汚染してきた張本人である人類が、対処しな

３　『食の終焉』ポール・ロバーツ著　神保哲生訳　ダイヤモンド社

ければならない大きな課題として、食糧生産プロセス改革への一刻も早い取り組みを挙げている。このような意見に左右され、遺伝子組み換え食品生産の是非は、立場や考え方の違いにより解釈はさまざまなので、双方の隔たりを埋める筋道は見つかりそうにない。

世界一の農業国アメリカが取り組んでいる課題の一つとして、農耕地の表土が風や水で失われ、土地が痩せていく、その対策として、耕さない農法（不耕起栽培）が採用されているという。現在進行している状況から判断しても、緊急で有力な解決手段として説得力のある方策と考えられるが、こんな状態にしたのは、地下水のくみ上げすぎや土壌の劣化を招いたこと、気温の上昇と農薬散布、先述の工場式農業による経営コスト優先意識など、人工的災害を引き起こした複数の要因があることに改めて驚かされ、その不条理さに腹が立ってしまう。それでも、当事者論理は優先されたままである。

再度、ロバーツの提言を取り上げてみると、遺伝子組み換え食品・暑さや干ばつに強い、塩分の多い土に耐えられる、窒素の利用効率が高い、可食部分が劇的に多い食物、遺伝子組み換えがもたらす生物の組成変化、さらに健康への悪影響を予測、評価できる適切な科学的手法を編み出す能力が不足している。このように、安易に論ぜられる問題ではないことが理解できる。また、自然への回帰が、重要なキーを握っていることを示唆している。

地球上の命あるものはやがて消えていく、その過程で成長があり変化があり前進しながら、結果的に自然環境の変化に左右されるサイクルから、一時も逃れることはできない。ただし、過剰にエネルギーを浪費し環境汚染に目をつぶり、あるいは短期的にブレーキを掛けてみたところで、自己本位に生産手段の拡大を優先している人類だけが、短時間のうちに地球全域を「オーバーヒート」させ、自然とのバランスを破壊し居心地の悪い生活空間に、追い込まれていく。そんな構図に歯止めが掛からないのは、あらゆる面で自己本位意識の過大と過剰から派生する、無駄を生み出し過ぎたからであろう。

ところで、地球上の動物で数が多いのは、食肉用の鶏で550億羽といわれ、人も70億人以上と数の多さではかなりのものであり、しかも、生活に要するエネルギーの消費は断トツの存在である。だからこそ、その分、地球環境の汚染に連動する不可避的現実に目を覆わず、知恵と決断と粘り強さで、諦めずに対処するしか解決策は見当たらない。

それだけに、変化のスピードに注意を払わないと、希少な資源と無駄なエネルギーをばら撒き不安を拡大することになる。宇宙空間すべてにおいて、今という瞬間は二度と同じ繰り返しはあり得ないのだから、時間を固定することが不可避なのは当然である。言い換えると、現在は、好むと好まざるに関係なく動的な渦に巻き込まれ、大きな波間に揺れ動かされ、かつ行き先の定まらないまま呻吟し、さまよっている、そんな状況に置かれているからである。

ロバーツはさらに、人間を飢えから守り、ここまで生き残ることを可能にした人体の代謝システムは、もはや時代に適応していないばかりか、破たんしていた。アメリカでは19世紀初頭の農業ブームが余剰食糧と食品の低価格化をもたらし、人間のエネルギーバランスを揺るがした。農業は「生物学、生態学および社会的な理念から再定義されるべきであり、現在、工場式農業が基盤としている化学や物理学的だけを重視すべきではない」と述べている。

ここまで、工場式農業が置かれている状況について、さわりの部分を述べてきた。農水産業はこれまで、生きるための食に関わる重要な分野だけに、他の産業活動のような経営や経済と同じような原則を当てはめることを、ためらってきた感がある。また、一般的な製造業と異なり、天候条件に左右され、生き物相手であることの違いも無視できない。しかし、現実には、生活者の日常に直結しているだけに、コストと鮮度に敏感に反応し購買先を厳しく選別される。供給側もそれに応えるべく、仕入れ先の開拓とコストパフォーマンスに神経を集中せざるを得なかった。それらのしわ寄せが、悲鳴を上げているのに物言わぬ商品である、穀物、牛、鳥、豚、魚に一方的に押し付けてきた。競争関係に勝利するためには、利益第一の掛け声のもとに、大量生産によるコスト削減と理不尽な生育環境の悪化を招いても、規模を拡大する道しか選択してこなかった。その手法の根源は、工場生産による製品づくりと手法は同じものであったのだ。

しかし、そこでの誤算は、相手が生き物であることの大きな違いから生じている。製品の品質を高めることの手法は同じであっても、鮮度の維持の難しさや生きるために欠かせない食料品として、体内に取り込まれる本質の違いを無視して生産がおこなわれているところに、悲劇の根源がみえてくる。確かに、助成金に依存していても、コスト意識なしにどんな組織も存続できず、その上、自然相手と生き物が相手となると難しさが倍加され、後回しの粗悪な運営体制に頼らざるを得なくなる状況は、理解できないわけではない。そして、合理化への対策の難しさが、動物にしわ寄せされたとき、すべての物事が悲劇的方向に集約され、経済的・社会的損出は計り知れないほどの大きさに拡大してしまう。公害は、空中に吸い上げられ、地球上の各地に拡散され、想像を超え深刻な形になって跳ね返ってきている。

農水産業経営の難しさは、日常生活と直結しているだけに、利益本位や競争至上主義の導入には無理があり、生命尊重第一でなければならない点にある。資本主義は競争一辺倒の思想を優先させたことが、今日の苦境につながっているとの指摘に説得力がある。この流れを、企業経営の観点から全面的に否定することは困難であるとしても、それ以上に、動植物を痛めつけなぶりつけている手法が、将来的に通用するとはとうてい考えられない。身勝手な人類だけが、地球上に生き残れるはずもなく、地球に六回目の生物全滅の危機到来も指摘されている通り、動植物への一方的迫害や周辺に被害をまき散らす環境破壊行為が、やがて恐竜絶滅のような状況を招くとの警鐘につながっていることに、否定できる正当な要件は見当たらない。

仮に、集約的大規模農業を中止し以前の平地での農業に切り替えても、農地が不足することはないとされている指摘は、傾聴に値する提言でもある。つまり、飼料として家畜に与える分やバイオエネルギーとして使用される分などをなくし、自然の中で牛や豚、鶏などが自由に餌をむさぼり、魚が養殖場から解放され、人々が健康によい食糧を得て生活できる幸せこそ理想とする形であるからだ。過食から解放され過激な競争意識を捨て、欲望を最小限に抑える生活こそ自然であり、健康的だと誰もが持つ感覚である。

農水産業に関わる経営スタイルは、ほどほどの競争環境と自立意識、そして、組織を維持できるレベルの利益を上げられる、独自のパターンを考え出すことである。そのカギになるのは、IT化の流れを活用し、独自の現代的ビジネスシステムを構築し、実践に移すことである。どこの分野にも、光と影は付きものであることは受け入れるとしても、人類も動植物と痛みを分かち合ってこそ、明るい未来が待ち受けていることは、否定できない真実だからである。ともかく、農水産業はぎりぎりまで、ハードパワーの餌食になってはならない。困難は承知の上で、現在の異常な状況から脱却することが、目の前に突き付けられている、喫緊の課題ではないだろうか。

補足的に、植物の持つ役割の重さと土地との関わりは、これまで以上に注目を集め、とりわけ、農業本来の在り方や農業経営の将来に向けて真摯に取り組むことは、生物にとっても永遠のテーマでもある。注目されている、「植物は知性を持っている」、そんな見解を頭から否定できない情勢変化や実態研究の成果が、あちこちから発表されている状況は、さらに現実のものとして重視され発展する裏付けになることは、間違いないと思われる。

９章　京都の伝統とイノベーション

京都の魅力の根源

千年の都京都こそ、都はるみの歌にもあるように、日本人の心の故郷として、特別な存在であることに異論はなさそうである。実際に、遷都は７９４年とのことだから千年を超える都としての蓄積がある。それにしても、京都とは何とも趣と余韻のあるネーミングではないだろうか。海外でも、京都以上に歴史がある、ギリシャやローマ、そしてパリ、ロンドンなど世界的に有名な都市も同じように特有の余韻がある。例えば、各界の一流有名人やサッカーの一流選手の場合にも、同じように覚えやすさと親しみが感じ取れるのは不思議でもある。ただ、流行の波に乗るのも、意外なことからスイッチオンされるケースが多いだけに、はたして、名前が先か、有名になったから覚えられたのかはともかくとして、とにかく、京都には引きつける要素が数え切れないほどあるからこそ有名になったのだから、有利さを前面に押し出し、今まで以上に街づくりに磨きをかけ、歴史を積み上げていってほしいものだ。

参考までに、ローマ時代の歴史は２０００年以上もあり、これこそまさに、特別な存在である。それだけに、色彩豊かで洗練され優雅なファッションセンスは独特のもので、群を抜く存在感がある。あの色彩感覚や素材の感触などは、日本人には真似できない深い味わいがある。もちろん、食べ物に対する味覚センスも良好で、日常を楽しむゆとりと自由と明るさは、太陽の国を思わせる重厚な趣を漂わせている。

これまでは、ゴチャゴチャし、せせこましい日本の街や村の風情など、評価に耐えられないと考えられていたのに、最近の調査では、京都が世界観光都市評価も世界一などといわれているのだから、疑ってみたくなるのが実感ではないだろうか。正直なところ、木造建築主体の都市や街が、これほどまでに評価を上げることができたのだろうか。それに比べて、石作りが当たり前で、巨大な寺院・教会中心に構成されている諸外国の都市構造の華麗さに圧倒され、歴史と文化の違いと住民との一体性を肌で強く感じ取ることができる。同時に、引き継がれてきた長い時間の重みと、人々の切なる願望と思いが込められ象徴としての建造物の姿が、否が応でも迫ってくる。もっとも、今では、国内でも京都駅やそれに対抗するかのように、大阪駅の巨大なコンクリート造りのビル群が生まれ、都内でもアメリカナイズされた高層ビル群が立ち並んでいる姿は、木造の建物とは一線を画している現実と時間の流れがみてとれる。

一方、仏教国である東洋の島国日本は、中国の影響が色濃く反映されており、そこから独自の文化を育んできた、そのプロセスが土台になって今日に継承されている。都市部はともかく、通常の木造建築では、西欧のような巨大な建造物を残すことはできず、しかも、ローマ時代からの遺産をいまだ使用している実例を見るにつけ、耐久性の違いと優美さとスケールの大きさを備え、人心を掌握する演出には感服させられるばかりである（ローマのパンテオンは、つなぎのないコンクリート・ドームとしては今なお世界最大だという）。島国文化と大陸文化との違いが、歴然として迫って来る思いとでもいえるのではないだろうか。だからこそ、異文化に接し学ぶことで新鮮さと感激、そして、新たなステップが思い浮かんでくる。

ともあれ、現実の京都が世界的にも有名になった理由は、天皇在所による権力集中と、必然的に文化の中心都市であったこと。同様に、付随的に国内における情報発信源たりえたこと。また、宗派別の本山が多数存在し、末寺が全国に広がり信者を多数抱えている強みがあったこと。寺社の数が千以上というのもすごい数であり、街づくりの根幹になった証にもなっている。当然のこととして、仏教思想への信心と帰依、教義と文化への憧れと敬意とが、諸々の活動や日常生活にまで深く根付き影響力を及ぼしてきた実態に、理屈抜きに感動させられてしまう。

一方で、茶道や華道、各種習いごとなどの家元として、門下生制度により普及発展に努めてきたこと。現代に通ずる、人のネットワーク化・系列化の先駆け的制度を巧みに導入し組織を拡大し、資金集めも容易にしたこと。そして、歴史の蓄積による、幅広い文化や伝統技能が生まれ、継承されてきたこと。予想外の事例として、衣食住の中の食文化を代表する和食・京都料理が、ユネスコの世界無形文化遺産登録に漕ぎつけた実績は、さすがである。宮廷文化を支えるうえで必須の条件となる食に対する飽くなきこだわりと、独自の創意工夫が認められた歴史的果実として、誰もが納得できる成果といえるだろう。

社寺を中心にした街づくりもわかりやすく合理的である。それでも、交通機関はバス中心であるため渋滞がないわけではなく、東京や大阪などに比べたら交通網も完全ではない。それにしても、沢山の寺院を全部見ることなど至難の業であろう。一カ月もあればと聞かされたこともあるが、何回訪ねてもとても無理なのがよくわかる。町家や老舗や旅館、カフェなども入れたら、時間がいくらあっても足りないことが、納得できるはずである。また、これだけ集中した寺町文化都市が存在すること自体、稀有なことではないだろうか。世界の有名都市でも、主要観光ポイントとなると三つか四つぐらいが精々なのだから、京都の各種パターンは数の上でも特有であることが、よく理解できる。ローマやパリなども市街地の面積は、さほど広くなく歴然とした違いが感じられる。

いうまでもなく、京都は歴史の積み上げによる集積があったからこそ、現在の評価につながっている事実を忘れることはできない。日本人にとって心の故郷である心情を、グローバル化の時代に海外の人々にも訴えかけるチャンスが、ようやく巡ってきたと補足することができる。スマホで簡単に映像が送信され、その感動を瞬時に目にすることができる訴求力は魅力的であり、これまでのマーケティングでは考えられないツールとして、世界中を駆け巡り誘発してくれている。また、動画サイトやホームページから検索して行動に移す、まさに、個が楽しむ時代の到来である。もちろん、元はといえば、京都には、数多くの歴史遺産があるからこそ可能な話であって、徒手空拳のアイデアなしで、集客しようとしても見向きもされないのだから、自信を持って発信できるのは当然である。

再度振り返って見ると、千年の歴史の積み上げは、歴史の重みと街並みが造られ賑わいを引き出し、文化都市としての風土形成やさまざまな人間模様を生みだし、そのプロセスを通じ関連する諸々の技能鍛錬等々により、有形無形の貴重な文化と財産をストックしてきた。街全体が関与する、ネットワーク財産が集積されたとも言い表わすことができる。その間、度重なる政争や戦禍に見舞われ、家や財産、時に多くの人命まで失ってしまった。そこに、京都人特有の用心深さと危機対応、反面で合理的で打算的で妥協を嫌う体質が形成されたようにも解釈できる。

そのため、一時期、ひんぱんに指摘されたのは、よそ者に対する冷たさ、表面的あたりは柔らかく言葉つきも優しくても、内面の冷たさを顔に表わさないといわれてきた。幾多の動乱に巻き込まれた経験から、身を守るための独自の保身術から生まれた知恵なのだと補足できそうである。もう一つの要因は、いわゆる、地蔵さんの数が５０００蔵もあることから知れる信仰心と、それを守っている町内会の存在である。地蔵盆のしきたりや町内会のコミュニケーションのよさが地域主義を育み、結果的によそ者には、馴染み難いと感じ取れるのだろう。これらの点は、京都人の友人などからも感じられる、共通的性癖のようである。

合理的な考え方と自己主張をしっかり持っていて、他人の意見には容易に妥協しないことと、周りとは常に一線を画していて冗談や軽めの話などには乗ってこない。それだけに、計算高く無駄がない分、不合理な言動でもない限り、裏切られる心配がなく安心感がある。悪くいえば、付き合い難くお高く留まっているのでは、と受け止められかねない面がある。長い歴史風土で培われた人格形成と積み上げられたプライドが、そこはかとして成せる業ではないだろうか。接客などは独特の京都弁でソフトに接してくれる、だが、関係のない行き先を訊ねたりすると事務的に応対されたり、しかも、不確かな答えが返ってきた覚えがあり、落差を感じたこともあった。

実態をよく知らないよそ者の解釈だったのかもしれないが、ソフトな一面と裏腹に、他の街よりも時に神経を使うことがあるのは、確かである。街全体に溢れている洗練された慣習に居住者は満足し、部外者はテンポの速さにいささか苦痛を感じたりする。つまり、下手をすると、自信があり過ぎて見下しているように、受け取られる危険性があること。ただ、長い歴史が生み出したノウハウでもあるだけに、さらに磨きをかけて欲しい面である。しかし、近頃は、これだけ国際化が進み多様な人が往来するようになると、それなりに丸みが出てきているようにも感じられる。

だが、京都人の辛抱強さと何回となく数々の被害に遭遇し、そのつど立ち上がってきたしたたかさと我慢強さ、その結果身に着けた、合理的考え方と行動力は、日常生活の中で連綿として鍛錬され精緻化され、文化として定着している。その代表ともいえる事例は、寺院に残されている宝物等による人為的パワーは別にして、多種多様な業態の老舗などが歩んできた歴史の中にも垣間見ることができる。

老舗と企業のビジネス意識

たとえば、亀谷陸奥は５９４年創業で21代も続いているというから、このことだけで尊敬に値する事例といえるだろう。多数の門徒と大本堂を持つ西本願寺お抱えの和菓子屋として、絶えることなく法要に欠かせないお供物を納めてきた。その息の長さに、京都人の精神的強靭さと歴史の深淵さに敬服するばかりである。松風という和菓子を主力商品として、伝統の味を守り現代に生き続けている息の長さこそ、京都を象徴するケースに入るだろう。

その他にも、同じく14代４００年も続く手拭い製造販売の永樂屋も、時代の波を乗り切るために、関係会社と絶妙なチームワークと技量を切磋琢磨し、時代のニーズに対応しつつ屋台骨を支えてきている。そして今後を見据え留まることのない挑戦意欲は、京都の街を支えてきた老舗独自のものだろう。また、京都の旅館では最も古い俵屋旅館は、創業３００年にもなるというのに、創業の精神が脈々と引き継がれているのには驚かされる。11代目当主自ら強い拘りを持ち、先頭に立ち、日夜奮闘し、少しも妥協することなく館内全般にわたりチェックし、心地よいサービスの提供を心掛けている。宿泊客のニーズを先取りし、日々庭園整備に専属のスタッフを配置するなど、館内の隅々まで心憎いばかりの神経を行き届かせ、マンネリ化を許さない計算されつくした演出は、真似ることなどできそうにない。

しかも、その中に新たな変化を織り込むことを忘れない。清潔な施設、おいしい料理、快適な睡眠がモットーであるという。コンクリート造りの近代的建物ではなく、年代を経た木造建築そのものであることに付加価値を見出しているのだろう。禅の思想に引かれていたアップルのスティーブ・ジョブズも定宿にしていたというのだから、名旅館ぶりの証は、「言わずもがな」ではないだろうか。ワンマン経営者であっても、むろん、後継者育成には手抜かりはなさそうである。とはいえ、庶民にはほど遠い存在ではあるが、一度は宿泊してみたい憧れの宿である。

懐の深い京都には、もっと数々の分野における老舗が存在しているのには驚かされる。西陣織の制作に携わる各工程、あるいは伝統工芸関連の名人芸にも敬服させられるが、考え方、取り組む姿勢と留まることを知らない前向きな意欲を持ち合わせた、数えきれないほどの名工が存在しているものと思われる。しかも、知れば知るほど、存在する意味付けと必然性に説得されてしまうから不思議である。それぞれの人が、職務を天職ととらえているからだろうか。関連的に、夏暑く冬は寒さが厳しい気候条件も、考え方を形作るうえで関連がありそうだ。

京都料理も忘れることはできない。生きることは、食への憧れを外して語ることはできず、ここにも、多くの老舗に伝わる技量と味を伝承し、お客の舌をうならし続けている。極端に言えば、京都のものは何を食べてもおいしく感じられるから不思議である。少し買いかぶり過ぎているだろうか。何回も訪れどこで食事をしても、信頼を裏切られたことはほとんど覚えがない。それぞれのシーンごとに、一つの個性と言い分を持っているように思えてくる。それだけ日々の積み上げがあり、「こだわり」と探究心があるからではないだろうか。

千年の歴史を大切に育み、各人が担当する生業を自家薬籠中の物にしてきた果実であろう。とりわけ、こだわりの強い老舗料亭の極めつけの味は、また格別であろう。素材の味を活かし、だしに拘る妥協なき世界は、これぞ芸術の雰囲気さえ醸し出している。この姿勢は、ビジネスの世界に十二分に通用するものである。格式を重んじ老舗の味を引き継ぐべく後継者が、使命感を持って取り組んでいる姿が頼もしい。

ここまで京都文化のほんの一端に触れてきた。その流れは、各分野に関係する各人が役割分担し、組織を巧妙に動かし製品化してきたプロセスと、歴史の蓄積による文化的成熟効果として読み取ることができる。そこに、独自の京都式経営パターンを汲み取ることにつながっていく。夏暑く冬は寒い典型的な盆地型気候に近く、決して住みやすい環境とはいえない。それでも、長い間首都であり続け、都の雅と多様な文化が交錯し味付けされてきた京都には、伝統を守りそれに流されず、新しきにも挑戦する精神性、その上に芯が強く筋を通す風土が味付けされ、醸成されてきたように感じられてならない。

京都には巨大企業は見当たらないが、御多聞に洩れず、それ以上に個性的で特色のある企業が多数存在している。歴史的経緯からしてもいかにも京都らしく、大きさよりも中身を大切にする考え方が根底に見え隠れして、むしろ期待が膨らむ感じである。資本主義社会は自由競争の名のもとに、効率化と巨大化ばかりが話題になり、環境汚染や貧困対策などは、後回しにされる傾向は一向に改善されそうにない。それだけ、困難な問題であることは理解できるとしても、近代経済社会が生み落とした人災であることは否定できないだけに、出口を塞ぐことなく留まることの大切さも見過ごせない。それにしても、現実は金持ちや巨大ファンドの資金は、行き先を鋭い嗅覚でかぎ分け、利益拡大意識はむしろ旺盛になっているのは残念なことである。

京都には、村田製作所、京セラ、日本電産、任天堂、オムロン、島津製作所など著名企業が多数事業展開している。それぞれの会社が、常に先手を打ち事業展開し着実な経営を心掛けているように見受けられる。地場に根差したいぶし銀のような経営姿勢が感じとれるのが、京都流といえるだろう。堀場製作所も実に個性的で早くからグローバル展開してきた、先見性とユニークさが光っている。社是が「おもしろおかしく」とは、よくぞ考えたものだと思う。創業者が個性的だから可能にした面もあるだろうが、それ以上に会社の実態を表わしていて頼もしい。

もちろん、その他ベンチャー企業も多数存在し、産学共同意識も強く、歴史に彩られた祭りごとも多く、コミュニケーションも良好で、新たなニーズに素早く対処できる関係が、身近に整っている強みがある。また、イノベーション意識が極めて強いのは、伝統を守り時代のニーズに即していくために欠かせない要件であることを、よく理解し行動に移しているからである。その対応が悪ければ、衰退都市になってしまい、ここまで持続することはできない。動的サイクルに乗り遅れない、経営感覚と同じである。

ともかく、京都風土の強みや深みは、外部者が知ったかぶりに語るよりも、何回も訪れて肌で知ることが一番である。山肌に囲まれ、千年の歴史と相まって創り出された機能性と人工美、大きな社寺と庭園美の演出も見事である。そして、醸し出された街の雰囲気と空間全体が融けこみ、相乗効果を演出している強みがある。企業の製品の信頼性はもとより、農産物や食料品、工芸品や飲食店、芸術や文化などなどあらゆるものが、価値あるものに感じられる、細やかな神経が行き届いた街である。

伝統の重みに加え物事に対する神経が行き届いていることから、一目置かれた安心感となって評価されるからだろう。この感覚こそ、今後のビジネス活動や生活環境への取り組みなどに関して、大きすぎず、求めすぎない時代的要請に対処可能なパターンとして、認知される時にきているると思われる。分をわきまえ、先端性を見失うことなく、周囲と調和しつつ最高のものを提供しようとする意識が、しっかりと刷り込まれているからに他ならない。まさに京都は一日にして成らず、の感が強い。

ここまでいくつかの要件から見えてきた点は、積み上げを大切にし、それぞれの持ち分をおかすことなく、個性的で質のよい製品やサービスを提供できる環境が、京都の街全体に醸し出されていること。それこそ、次世代につながるマネジメントを進めるうえで、必要とされる模範的パターンと表現しても間違いなさそうである。文化都市京都には、起業の芽がどこからともなく、ふつふつと湧き出てくるような不思議な感覚と、古い物を新しく見せてしまう探し尽くせない魅力が、併存しているのだ。街全体から魅力が発信されている、世界的にも稀有な存在ではないだろうか。

ただ、心配になる点として、杞憂に過ぎないのかもしれないが、これだけの歴史の積み上げと伝統文化を形成する過程で、人の意識に必ずついて回るエリート意識と排他意識が生まれ、また、完璧性を追求するあまり、無言の押しつけ的いやらしさに気が付かない。つまり、京都人のいやらしさを京都人から聞くことがあるだけに、その点を忘れず、いつまでも権威主義にはまり込まず、緩やかな緊張感を保ってほしい。

10章　ますます注目される中小企業

スモールビジネスの独自性

統計上の数字では、国内企業の99％以上は中小企業で、従業者数にしても70％以上だといわれても、正直なところピンとこない。大企業に対する常日頃の話題の多さから、もっと多いはずだと、安易に思い込んでいるからだ。そのくらい、日常生活でのビジネスに関係する話題は、ほとんどが大企業発の情報で溢れており、テレビなどの派手な宣伝活動に完全に巻き込まれ、自己誘導的に大企業の数が多いはずだと、勝手な先入観で過ちを犯している。また、現実的に大企業の影響力が強過ぎ、ほとんどの分野に進出し支配している錯覚が、さらに増幅させているように感じ取れる。

確かに、大企業を語る方が、話題性からしても相手に通じやすい利点があり、小さな町工場や小売店の話題になると、盛り上がりに欠け、新規性にも乏しいのでは、と思い込まされている節もある。それに、行政の関与もマスコミの関心も、おのずと大企業に向けられる傾向が強いため、一層拍車をかけている面も考えられる。小さなものより大きさを好む傾向は、古今東西、いずこも変わらない風景なのだろう。しかし、企業の数も従業者数も圧倒的に多い中小企業を軽んじ疎外することは、社会通念からしても許されるはずもなく得策でもない。それなのに現実の姿は、明らかな矛盾点がまかり通っているのは不思議な現象としか言いようがない。

中小企業が一括りになっても大企業には勝てない、その現実がある限りうやむやにされても勝ちめがないからだろうか。数の多さや地域密着度からすれば、社会的貢献度はむしろ高いはずなのに、大企業の総合的パワーの違いや資本主義体制を巧みに操り、転んでもただでは起き上がらない巧妙さに加え、人脈の厚さと物事の中枢を抑え込んでいるだけに、なまじっかなことでは歯が立たない。ともかく、複雑に込み入り簡単に結論が出せない難題であるだけに、この先は、現状に即した考え方に沿って進めてみたい。

所轄官庁が経済産業省と中小企業庁に分けられている理由も、規模や売上高に格差があり過ぎること。そして、大小まぜこぜでは格差があり過ぎて、効果的な産業育成や政策立案などに支障をきたす要因などを、挙げることができよう。欧米に学び急速に産業化を推進するため、当時の言葉で政府支援による殖産振興を急ぎ、その後の名残から政官財による癒着行動のモデルを作り出してきた。その過程で三井や三菱、住友など大手財閥を中心にした大企業が続々と誕生した。国力を増進する産業化の早道は、資金力があり規模拡大が容易な大企業を育成することの方が早道であるとの目算から、このような区分けが必要になったと考えられる。

問題は、すべての企業が大企業になるわけではなく、大中小が混在することにより役割分担が明確になり、相互の補完関係がスムーズに働く利点も当然考えられる。現状においても、中小企業の数が圧倒的に多いのに、生産能力や資金力の違い、相対的影響力も低いため、産業政策に関する発言力などの弱さは否定できない。大量生産に適している、機械化された大規模農業やロボット化されオートマチックな工場での生産と、家業的で人手頼りの経営とでは、天秤にかけるほうが無理というものだ。しかし、近頃は情勢が変わってきており、大規模化による弊害や課題が目立つようになり、独占的態勢への動きを糾弾する動きが活発になっており、これまでのような、単純に大きさを奨励する時世ではなくなっている流れを無視できない。

職業区分に関しても、それ以上に大事なことは、職業選択の自由が尊重されるのが第一であること。しかも、すべての分野に大企業が必要でないこと。そして、どんな規模の企業を選ぶかは、基本的に個人の自由である反面、選抜による運・不運があることなど、いくつもの選考機会の中で振るい分けが、待ち受けていること。また、個々人の巡り会わせによる予測不能のケース、その人でしか知りえない複雑な因縁や生き様の問題など、さまざまなスタイルがあるのと同様に、大企業と小企業も産業分野や業種別などが多彩な形で存在することで、選択肢が広がり、働く機会を得やすくしている。もちろん、企業の存在要因としては、社会的な需要と供給の関係や存続可能性などが、決め手になることは今さらいうまでもない。

自由競争の国アメリカでさえも、中小企業の割合は同じような傾向にあるらしい。まして、群れるよりも個人の生き方を大事にする国民性からしたら、自然な成り行きと考えることができる。生き物が生命を継続する基本単位は番いが出発点であるように、組織の成り立ちも二人からスタートし、必要に応じて拡大していくパターンが自然の原理に適っており、どんな大企業も最初から大きかったわけではない。しかし、人は複雑な感情を持つ生き物であるがため、起伏が大きく意識はいつも流動的である。

そこには、大企業など力の強いものに寄りかかりたいとする習性も捨てきれず、また、日常的に金持ちやエリートに憧れを持っている。したがって、一般的に安定的な職業を選ぶ傾向が見られるのは、むしろ人間的心情の正直な表われであり、深層心理にうごめく願望の発露ともいえるだろう。ただ実際には、その時々の経済状況や人気産業に就職希望者が偏るなどの現象も、元をたどれば、時流に左右されやすく周囲の動きに影響されるなど、意外に単純な理由で、就職先を決めてしまう事例が多いことが分かる。

大事なことは、中小企業と大企業との関係性と棲み分けが大変重要であり、現実的にこの補完関係が機能しないことには、双方とも生産活動を効果的に進めることはできない。大きさを追い求め国際的な一流企業になろうとしても、時間の経過に伴い、各種の見えない壁に突き当たり、淘汰される危険性が以前にも増して強くなっている傾向も、頭に入れておきたい。(その反対もあるけれど)それよりも、規模に関係なく、好きな仕事ができ存分に能力を発揮できる規模の企業を選択する方が、個人の財産である貴重な個性を殺さず信念を通すことができ、人生を彩のあるものにしてくれるはずである。

意欲と努力を継続できる意志力があれば、誰にも、人生の節目ごとに夢を実現できるチャンスが何回かやってくるから、その絶好の機会を見落とすことなく細心の注意を払い、意思決定に結び付けたい。もちろん、自分としてやりがいのある仕事こそ、人生の目標であるはずなのに、経営不振で方向転換せざるを得ないようなケースも、当然出てくるだろう。よいことばかりではないのも人生であり、それでも挫けずリスクを負いチャレンジする意欲と執念さえあれば、必ず道は開かれるから、前向きに受け止め粘り強く次のチャンスを待てば光が当たってくる。

幸運にも、運も加勢して大企業にのしあがることができた、マイクロソフトもアップルもグーグルも、そして、ソフトバンクなどの事例に共通する注目点は、リーダーの強烈な個性がけん引役になっている事実である。ただ、大企業も以前ほど安定的な成長戦略を描くことが難しくなっているのは、全体的な生活レベルの嵩上げが進み、競争関係が複雑になっていること、企業寿命の短縮化と組織形態や在り方に見え隠れする、人的模様の移り変わりと社会的ニーズの変化、そして、最強である大衆パワーが身近に感じられるようになったことが、関係しているように感じられる。

これまでも、そしてこれからも、大多数の人が中小企業の中で立派に役割を担い社会貢献し、家族を養って生活していくことは確かなことであり、労働環境面や待遇面で大企業ほど望めないとしても、職務に関する満足度がすべての面で劣るとは考えられない。むしろ、その道のスペシャリストとして、誇りをもって仕事に打ち込める環境と自由度が与えられている。あるいは、大企業では考えにくい、どの仕事にでも対応できる、オールラウンド・プレイヤーとして幅広い仕事に対処でき、人間味のある専門家としての期待も大きいなどの利点も考慮に入れておきたい。
そんな生き方より、変なエリート臭に染まり融通性のない閉鎖的タイプではなく、気配りができ、潰しと小回りが利き、日常生活での順応性も高く人生を豊かにしてくれる。時には、経験を積み重ねヒット商品に恵まれたりすれば、中大企業に成長するチャンスが、先発事例と同じように必ず訪れると信じたい。

振り返ってみれば、本来の企業組織とは、中小企業の方が理想的形態ではないだろうか。組織が大きくなると、独占による弊害や癒着などが生じ、閉鎖的な聖域づくりや汚職、競争のための環境破壊や資源の無駄遣いなど社会的損失を無視し、重大なアクシデントでも起きない限り、絶え間なくあくどいパターンを繰り返す事例が多く見受けられるからである。その間隙をぬって、中小企業が質的成長することで、大企業による下請け的事業スタイルを減少させ、社会的格差の縮小につながり、中小企業の存在価値がこれまで以上に高まることになる。また、地域密着型ビジネスこそ、いつの時代にも生き残ることができ、期待されるスタイルといえよう。

また、常に、中小同士で切磋琢磨するパターンが常態化し、淀みを少なくし、縦横の連携と協調関係を密にすることで、社会的な効率化が作用し損失を減少させることが可能になるはずである。人による社会の枠組みは、振り返ってみると、最初は小さな集落から始まり、小規模の集まりでしかなかったDNAを引き継いでいるだけに、むしろ、中小企業・中小組織による活動体制の方が、効率的であり適応性があると解釈できる。地産地消の推進や日常生活を豊かにするためにも、身近な存在の方に軍配が挙がることは間違いないからである。大きなものに対する嫌悪感は、便利さやニーズを満たしてくれる度合とは裏腹に過剰生産やエネルギーの浪費等々は、人工物のなせる業だけに業種業態を問わず、自然への回帰意識が徐々に進行することは間違いないだろう。

そして、資本主義体制の行き過ぎに対する批判が、事あるごとに叫ばれている今日、中小企業組織への注目度が高まっていくのは、必然の傾向といえよう。その大きな要件として、ＩＴ化を核にした技術革新とロボット化などが、産業システムの在り方に大きな影響を及ぼし、生活者が主役になり、社会参加の波を押し進めていく可能性が限りなく広がり、阻止することはできないからでもある。もちろん、中小企業にとって生命線である人材不足、収支採算性や事業の継続性、そして研究開発やマーケティング活動などに対する力不足については、地域間協力や横の連携などで解決できるはずである。

ファミリービジネスの役割

その前に、もう少し前提条件を検討しなければならない。つまり、実態としての中小企業は、大方がファミリー企業・同族企業であることから考えてみたい。中小企業もスタート時点では、起業であったはずなのに家族経営という便利さと安全意識が先行し、ファミリーによる企業支配の道を選ぶケースが多く見られる。発行株の大半を所有し、最終決定権を保持して支配力を強める傾向が随所に出現する。必然的に、意識が保守的になり安全パイ的傾向が強くなるのは避けられない。特に、サービス業関係の業種では、経営関連の役職者をファミリーが独占するケースが多く、人材不足も手伝って支配力を強めるのが常套手段になっている。

日本のファミリービジネスは、人事面において血縁関係を重視するため心情に流されやすく、一方で、永続性を重視するため100年以上続く企業が、2700社もあるというのに、自己利益中心型の韓国ではわずか7社程度と大きな違いが出ている。日本は、世界的にも長寿企業はトップクラスであり、とりわけ、老舗企業の多くは、家訓を忠実に守り、一子相伝の精神で生き残ってきたことから、その傾向の一端を知ることができる。

その分、地域に深く根付いているからこそ、継続できたとも考えられる。評価の高い町工場の特徴も横の連携を密にし、役割分担することで生き残ってきた。また、関係企業との連携や異業種交流による経営研究、商店街ごとの発展と振興計画、フランチャイズチェーンなどに加入し経営力を向上させるなど、生き残りをかけた多様な戦略を展開し、地域と密着し、支持を得て、四苦八苦しながらでも現在につながっている。すべて順調であることなど、夢に過ぎないからこそ人生と同じく楽しくもある。

それにしても、これだけのファミリービジネスが存在することの意味は（中味に関しては時代と共に変化するにしても）、必要性が社会的に認知されている事実で証明できるだろう。しかし、組織体は可能な限り開かれた形が理想であるはずなのに、実態はファミリー主導の運営が主体になるケースが多くみられ、オープンな運営とは言い難い難点を抱えていることが、無視できない改善点でもある。

そこには、創業者の強みや資産継承などの条件を優先させたい情緒的感覚の方が、常識的な理屈よりも通りやすい雰囲気があるからだろう。もちろん、長所として、責任意識の強さや意思決定の速さなどは、大きな組織の合議制よりも勝っていることは否定できない。その一方で、リーダーとしての適性や公私混同とマンネリ化などの淀みを是正する難しさから、行き詰まる事例も多く見受けられるのは残念なことである。

企業の盛衰は、原則的には生産と消費のバランスによって決まる、ともいえるだろう。その考え方からすると、生活に密着している商店街や町工場などは、職住接近のモデル的存在であるだけに、工夫次第で可能性の芽を伸ばすことは十二分に考えられる。残念なことに、大型店に押されシャッター通りになっている商店街が、多くみられるのはその典型といえるだろう。町工場の場合も、海外企業の参入による経営悪化など、各種の要因に左右される面は否定できない。しかし、最近では、若手経営者が先鞭をつけ、海外に打って出て成功している中小企業が、多くみられるのは心強い。

また、その努力がエネルギーとなって、新たな情熱とアイデアで市場を開拓している事例が増えているのは、頼もしい限りである。これこそ、次代の変化と技術の向上などにより、進化を体現することにつながっている。ただ、問題になるのは、誰でも経営者になれるわけでも適性があるのでもなく、また、創造性に恵まれている訳でもない。それだけに、過当競争ではなく緩やかな競争関係が維持されないと、健全な経営環境を維持できないのは当然なことである。頭を押さえられ、個性を殺し与えられた満足だけでは、やる気も減退し十分な成果も能力発揮もおぼつかない。今後も、ファミリービジネスだから優位であり、継続できるとは考えにくくなっていると考えたい。

仮に、誰でも経営者となれば、企業の数は膨大になり会社とはいわなくなるだろう。そこには、見えない手のバランスが存在していて、意欲があっても資金が足りない、資金があっても意欲がない、もしくは、社会的競争関係が変化しているなど、その時の状況に左右されるからである。このところの、ファミリービジネスには後継者不足が深刻な問題になっている事例が、ここにあてはまる。その対案として、外部から人材公募で手当てする例などが、あちこちで話題になっている。大企業の場合には、後継者候補は多く手当はできるとしても、適性のある経営者を探し出せるかが課題でもある。

しかも、中小企業の場合、人材難だけに柔軟な対応が求められるのは当然であるのに、現実は、自己擁護的意識が強く、対応力に欠けるのが弱点である。だからといって、企業そのものがなくなるダメージの方が、衝撃が大きいことはいうまでもない。可能性としては、地産地消の推進や大企業に対する風当たりと、必要悪的姿勢にうんざりしている面もあるだけに、地域コミュニケーション型の経営スタイルへの風向きを見失わないこと。また、信念をもって新たな挑戦で評価を得ている事例など、革新的な試みが多くなっている動きに、期待感と夢が膨らむばかりである。

スマホの時代になり、情報はいつでも、どこでも入手でき、双方向のコミュニケーションも容易になるなど、誰でも日々新たな情報に接する機会が飛躍的に増えている。その中から、ビジネスやカフェに関係する情報交換やアイデアを出し合うことで、解決策を見つけ出すことが簡単にできるチャンスが巡ってきている。それだけに、少しくらい失敗しても、簡単にあきらめず楽天的に対処することで、夢を膨らませ続ける可能性の芽がほころんでくる、そんな時代でもある。

つまり、中小企業の命は、イノベーションとアイデアの連続性にあると捉えるべきであろう。起業により新たな企業が誕生することで、既存企業に刺激を与え産業活性化への導火線の役割を果たしてきたことは、いつの時代にも見られた光景といえるだろう。中小企業は、企業形態の誕生以来その役割を担う基本的メカニズムを担ってきた、輝かしい実績が何よりの証拠である。しかし、その重要な任務を忘れないためには、組織内に競争関係が保たれていること。純血主義や適性にも欠ける人材を登用するよりは、企業本来の目的を達成できそうな人材の登用と、起業家精神を忘れず競争力アップによる事業の持続性、関係先の信頼に応えられる努力を怠らないことに尽きる。

幸いなことに、

①ベンチャー企業への支援体制が、格段に整備されてきていること。ベンチャー企業が増えな

いことには、国際的競争関係に太刀打ちできなくなること。そして、持続的な企業活性化は、競争関係がなければ不可能であり机上の空論に終わってしまう怖さがあるからだ。また、資源の無駄遣いやロスを少なくし、地球環境の悪化を未然に防ぐ技術開発、貧困格差の縮小などにも貢献できることは、間違いないからである。大企業的な自己利益本位で大きいことは良いことだ的意識は、次の世代までには格段に解消されているだろう。

②中止企業への期待は、会社法の改正による小資本での会社設立を可能にし、NPO法人やソーシャルビジネスの動向、カフェ的活動など個を意識した活動が活発になっているなど、変化への対応が着実に進んでいる実態に注目したい。

③IT化の浸透とロボット化の推進により、小さな組織の方が効果的な動きができること。当然、時代とともに、個人の力でも企業化が可能になることなど、中小企業への風向きが変わってきていることに期待感が高まっている。

起業―中小企業―大企業のサイクルも、中小企業の厚みと役割が大きくなることにより、自然環境との調和も順調になるはずである。そんな観点から、中小企業の存在意義とベンチャー企業に対する期待が新たな段階を迎え、社会的・経済的にも積極的評価につながるパターンとして定着することを期待したい。中小企業への期待は、地域密着による振興と日常生活への貢献であり、夢の実現であり確かな技術で科学技術を支え、変革の推進役としての役割は重くなるばかりである。つまり、人的面で多数を占める中小企業の活動が健全でなければ、潤滑油としての機能を担えなくなる危険性は大きく、さらに、社会生活も経済活動も停滞し波及的損失の拡大が避けられない、重要な役割を負わされていることを強く発信したい。誤った観念払拭の好機が到来しているのだ。そして、多様性が有効に機能している生きた現場こそ、中小企業本来の立ち位置といえよう。

11章　ベンチャー精神は永遠

ベンチャービジネスの重要性

　モーツァルトのような聴覚人間は、線上に並んだ音を心の耳で聞いて紙に書き留める。だからこそ、あれだけ多数の作品を残すことができたといわれている。まさに、脳の活動が最高潮の状態の中で短い生涯を駆け抜け、アイデアがほとばしり出る感覚だったのだろう。あれだけの天才でも、順風満帆の人生ではなかったのだから、凡人も悲観するには当たらない。もしモーツァルトが、ビジネスの世界で活躍していたら、ベンチャービジネスの旗手として先頭に立ち、次々にユニークなアイデアを生み出し、寵児となって時代をリードしていたのではないだろうか。

　ここでは、ベンチャービジネスについて、イノベーションの視点も加えて考えてみたい。人は、動植物の中から幸運にも飛躍的に進化してきた経緯からすると、もともと強い遺伝子が組み込まれていたと考えられる。ただ、生物は与えられた環境の中で強靭な力で対応し、生命をつなぐ力を備えてきたことも忘れることはできない。砂漠に生きのびている可憐な草ひとつでも、限界までの可能性を追い求め、何世代も命がバトンタッチされている姿には驚かされる。極端な例では、枯木になっても何千年もそのまま立ち続けている事例などを知るにつけ、地球上には知らないことが多すぎて、通り一遍の浅薄な常識など通用しそうにないことを痛感させられる。生物にとって、生命をつなぎたいとする執念、これこそ進化の道をたどる最低限の条件であり、生きることは挑戦の連続であることを、改めて教えられる思いがする。

ベンチャービジネスとは、どんなに時代が進んでも、新しいビジネスシーズを生み出す連続活動と理解するのが一般的であろう。時代を少し遡ってみると、産業革命以降に技術革新を可能にする環境が整ったことから、イノベーションが始まったとする考え方もあるように、それまでの積み上げ方式の技術から、異なった視点やプラスアルファの製品開発が可能になったことで、大きな飛躍に結びつけることができた。それまで、細々と生活を営み、人力に加え牛馬での農作業から解放され、トラクターによる効率的な作業に移行できるまで、数段上の技術開発が進んだことである。

もちろん、与えられた環境に調和し生かされた生活を大事にするスタイルも貴重であり、技術革新一辺倒の状況と、自己利益本位で森林伐採などによる破壊的進化スタイルとは、相いれない矛盾点を抱え込んでいることも心に留めておきたい。行き過ぎた競争社会も、人間本来の進化のスタイルなのかどうかも、解けそうにない難問でもあることは確かである。他の動物のように、与えられた環境の中で生きるための知恵を身に着け、精一杯適応していくスタイルとは、まったく異なる異常さには、埋めようのないギャップさえ感じられる時がある。人類には、いずれ間違いなく、自然からそして他の生物たちから、天誅が下される時がやってきそうである。

それなのに悲しいかな、現実の生活を維持しビジネスを継続するためには、休むことのない連続的イノベーションが必須の条件であり、情報の収集と長期計画の立案や先行投資、そして、将来予測など怠りなく継続しなければサバイバルできないほど、日常的に厳しい競争環境が待ち受けている状態から、脱出する糸口は簡単には見つけ出せそうにない。ベンチャービジネスの発想も、意地悪くいえば、敵の目を欺き早い者勝ちしたものに、勝利の女神が微笑みかける構図が見えてくる。それだけ、生き残りをかけたビジネスの世界は、常在戦場の感覚であり、少しでも油断し見通しや判断を誤ると、平行飛行していた飛行機が、突然乱急流に巻き込まれ墜落してしまうような、極楽から地獄へ直行する不愉快な心境に、追い込まれてしまう事例も後を絶たない。

ここで引き下がると物語は始まらないので、現状の実態を踏まえてベンチャービジネスについて考えてみたい。いつの時代でも、ほとんどの企業は、個人ないしは数人でスタートしているはずである。ベンチャー精神とは誰かが、何かに触発されてやる気が出たときが始まりであり、個の力だけではなく、やがて組織によるパワーアップの重要性に気づいた時が、成長の起点であると考えることができる。しかし、その一方で、経済活動が活発になり競争関係が厳しくなると、大きな組織の方が安定していることに気づき、やがて寄りかかりたい意識が芽生えたりする。リスクを負って個人で始めるよりも、既存の組織でステップアップする道を選ぶ方が、一般論からすると安全意識が強く、だから多くの人は、トコロテン式エリートコースを必死になってよじ登ろうと、平凡な学歴意識の罠に落ち込んでしまう人が多いのも現実である。

ビジネスの世界は、誰でも参入できる解放された市場なのだから、特に学歴による縛りはなく平等に機会が与えられていて、成功したものが評価されるのが常識的な原則でもあり強みにもなる。つまり、人それぞれに思いと思考パターン、生活信条が異なることの方が自然であり、誰もがベンチャービジネスに走るわけでもない。しかし、よくしたもので、企業活動に関係する経済の循環サイクルは、好不況が必ず巡ってきて景気に変化が起きるのと同じように、技術革新も途絶えることはなく、人の欲望も生きている限り終わるわけでもなく、まして平坦な道ばかりでもない。そこに加わるのが、避けることのできない競争関係であり、常に、変化や進化を繰り返しつつ、個人間にも企業間にも優劣が明らかにされる。その起爆剤の役割を担っているのが技術革新と願望と金銭的欲望であり、ベンチャー意識につながっていく。

新規参入企業やニッチ産業などは、新たな分野に参入し成功するために意欲的で前向きな発想と心構えで臨んでいるだけに、絶え間なく緊張感が伝わってくる。また、既存の枠組みにとらわれることなく、先行利益はともかくとして、利益誘導型とは距離をおいている点に相違が見られる。つまり、中には、社会のニーズに対処し隙間を埋める事業、あるいは新規サービス業務の提案など、これまでにない意外性に富んだ事業を、生み出そうとする心意気が頼もしい。

もちろん、最初から安定した経営を求めること自体、原則的に無理な話であることは、大筋で合意が得られていよう。まして、日々繰り返される企業活動がそのまま続くようだと、何ら変化も生まれないし進化の意味合いの重要性にも反してしまう。だからこそ、脇からベンチャービジネスのような新規の組織が参入することで、新たな活力が生まれる環境が整う理屈になる。そんな繰り返しが、あらゆる場面で無意識的に進行するパターンが理想であり、それがないと、おのずと産業活動は停滞し、衰退モードに入り込んでしまうからである。

何百万年以上にわたり子供が生まれ、引き継がれ、人類が生き延びてこられた循環サイクルに近いものだと、仮定することもできよう。それに引き換え、現在の人工の力で加工された世界は、ますます加熱気味になるのは残念であるが、ベンチャー意識と競争原理だけは引き継がれていくだろう。進化は環境対応から引き起こされ、欲望はそこに付随する限界のない意識行動と、補足することもできるだろう。

ベンチャー先進国であるアメリカでは、世界中から優秀な頭脳の持ち主が集まる環境と、多民族国家であり若くて新しい人材の流入が盛んな環境が、大きな強みになっている。また、以前ほどではなくてもアメリカンドリーム体現も可能で、なによりも、個性的なビジネス競争が歓迎されているだけに、ベンチャービジネスを実現するための環境は、ほとんど整っていると考えられる。だからこそ、新しいことに挑戦する意欲と夢は、どこの国よりも高いものがある。

また、自主独立の精神も旺盛で、次々と、国籍に関係なく一獲千金を夢見る若手が、ユニークなアイデアを製品化しようと参入する体制が整っている。しかも、失敗は社会的に許される土壌があるのは強みであり、日本のように失敗すると周りの目を気にすることもなく、むしろ、失敗は、挑戦者としての勲章であり歓迎されている大きな違いがある。既存のビジネス活動が旺盛なのに加え、ベンチャービジネスの参入で市場が常に刺激されるメカニズムが社会的に浸透しているだけに、むしろ格差が開くのは当然でもある。

日本でもこのところ、ベンチャー支援の法整備体制やシステムも整備され、対象ファンドも生まれているが、それでも追いつくのは容易ではない。しかし、シリコンバレーに乗り込んで注目されているケースもいくつか見られるように、風評ほどベンチャー意識が低いとは考えられない。ビジネスのシーズは、どこにでも転がっていて、リスクに挑む気持ちと行動に移す勇気によって、新技術開発の可能性は限りなく開かれている。もちろん、成功よりも失敗の方が多く甘い夢物語では、成果に結びつくことはない。だが、結果を恐れず挑戦しないことには道は開けず、たとえ失敗したとしても、諦めずに何回でも挑戦する勇気と気力が必要なことはいうまでもない。

行動することで、失うものより得るものの方が多く、将来、何かの形でプラス作用に働くことは、百の言葉より重みがあることは間違いないからである。先輩の多くが、同じ道を辿り産業化を果たしてきたのだから、チャレンジする価値はとてつもなく大きく、変革の基本的姿勢でもある。また、自分が怠けていても、周りは変化していること。まして、宇宙そのものも流動しているところが、可能性に挑戦する醍醐味といえよう。

では、ベンチャービジネスに挑戦するためには、特別な才能が求められるのだろうか。過去のそして現在の成功者に見られる特徴から、特別な共通点が見受けられるとは思えない。だが、挑戦意欲が旺盛である、執着心や粘り強さと頭が良い、ビジネスセンスがあり、運が良い、親が金持ち、友人に恵まれたなどと、いくらでも挙げることができる。だが多くの事例に見られるのは、ちょっとした閃きから可能性を信じ、あまり後先のことは考えずにスタートする勇気があったからだと、補足することができる。ただ、慎重過ぎず、無鉄砲過ぎでも難しく、ある程度計画ができたら踏み出す勇気こそが、成功へのカギを握っていることは間違いなさそうである。

40代ぐらいまでの失敗は、その後の人生を真面目に一生懸命生きることで取り返しできる。いまや、70代80代のシニア層でも起業する時代なのだから若さだけが有利ともいえなくなっている。ニッチを狙った何でもビジネスの可能性が生まれ、それに加え、従来の認識に変化とサービスの質が変化したこと。さらに、モバイル化・IT化という強力な贈り物に促され、これまでの常識を越える環境が整ったことも、力強く後押しをしてくれている。

挑戦するベンチャー意識

「好きこそものの上手なれ」ではないが、やりたいことが閃いたらとことん考え抜くこと。誰でも、頭の中で四六時中考え続ければ、あるとき、思いもつかないヒントが浮かんでくるのは、共通している認識だから心配することはない。時には、十年以上も頭から離れないこともあるだろう。その願いは、突然意外なところから必ず訪れるから不思議である。つまり、ビジネスだけではなく生き方に関するこだわりなども、意思さえあれば、偶然が必然に変わる瞬間があることを信じ、ベンチャービジネスと向かい合ってみたい。願いごとは不思議と通ずる時がめぐってくるから、魔訶不思議である。人生には、必然か偶然か判断できない事態を経験することが、何回かあるから捨てたものではない。

個人として不安であれば、友人を引きこむことも可能であり、組織に属していて閃いたら、社内ベンチャーとして手を挙げるのも一つの手段である。幸い、資金に不安があっても、アイデア次第で調達に苦労することは少なくなっている。小さい組織で個性ある集団にするか、他にはない製品開発を社是とするか、大企業への道を進むのか、もしくは、早めに売却し次の起業も選択肢にする。いづれにしても、信頼に値するサービス提供を心掛けていれば、事業として失敗する心配は杞憂に過ぎなくなるだろう。

少し教訓的で体験に近い話から、ベンチャービジネスへの取り組みを述べてみた。ともかく、ビジネス活動も体内細胞の新陳代謝がなければ、健康体は維持できないのと理屈は同じである。その先兵として行動に移すのが、ベンチャービジネスの役割であり、既存の組織の方が安全パイだと考えてしまうと、逆に事業の鮮度を保つのが難しくなる。むしろ、常に新しい刺激があることで、前向きな競争関係を維持できると理解したい。

イノベーションの考え方も、近頃はそれほど固定的な解釈ではなく、かなり広い意味で使われている。技術革新という狭い範囲ではなく、テクノロジーという広い範囲での解釈へと変わってきている。コンピュータがなかった時代のイノベーションと、昨今の技術水準の飛躍的向上とモバイル主体にしたコミュニケーションツールの活用に加え、ロボット化や自動化が進み、比較にならないほどの状況変化と好環境が与えられている。また、宇宙衛星やＧＰＳなどの先端技術を活かした日常生活の質は、格段にレベルアップし追い付くのに苦労するほどである。

また、先進国というとらえ方もそれほど意味を持たなくなっていること。つまり、アジアを中心にした経済発展などにより影響力が低下していることや、世界中から新しい技術が開発されるようになったこと。スマートホーンなどモバイル端末の活用は地球上の距離感を縮め情報伝達力が倍加され、格差とギャップばかりが問題視された状態から、次なる生活の質を向上させる方向に進んでいることは、これまで考えられなかった質的で現実的変化である。ただ、その分、複雑で予想外の出来事が増え、情報が交錯する場面が増えている状況は、ことの難しさと多様性から生まれる避けられない課題と、副作用を伴うことが多くなることへの備えは怠ることはできない。

複雑性思考の浸透により、従来の分野別のイノベーションの発想から、文系と理系とを区別してきた感覚ではなく、広い分野にわたり融合し協調することで、これまで以上の成果が得られていることに目覚めた意義は大きい。イノベーションの罠といわれる事態も、成功体験のおごりや組織のマンネリ化などが原因で陥る現象であり、どこからでもテクノロジーが生まれる現代は、固定的枠組みでの発想ではニーズをとらえきれなくなっていることに由来している。企業活動においても、業種ごとの事業戦略だけではなく、枠に制約されず事業転換を先取りすることや、漫然と構えるのではなく時代変化とユーザーニーズに敏感に対処できる態勢が、持続的に求められているからに他ならない。

むしろこんな表現も、一つのヒントになると思われる。優れたアイデアは移動し、伝わり続ける。既存の配置は新たな配置に取ってかわられ、それが生命であり歴史だ。それこそが未来でもある。ただし、ここには、こだわり続けることの重要性と、一方で否応なく繰り返されている物事の推移とは、別の要素として認識すること。さらに、独自の意思と人生をエンジョイする気持ちも持ち続けたい。

すでに述べてきた、企業活動の面からすれば、ベンチャービジネスも一種のイノベーションと考えられる。誰もが生きることへの安定と安心、身の丈に合った生活やささやかな贅沢などの願望がある以上、漫然と受け身の姿勢でエネルギーを節約して見つめているよりは、突飛なアイデアでもいいから提案する勇気が欲しい。結果的に、経済活動を揺さぶるような大企業に成長できなくても、何も悲観することはない。これまでにないものに挑戦する、それこそイノベーションであり、既成観念を疑い相乗効果の向上につながる扉を開くことができれば、大きな成果といえるだろう。行動しないことの損失は、心理的にも経済的にも大きく、後になって悔やんでみても取り返すことはできない。また、新規開発だけがイノベーションでないのは常識であり、身近な小さな改良が社会生活を豊かにする事例なども、評価の対象になるのはいうまでもない。

今や、ロボットがアイデアを出す環境まで整いつつあるのだから、イノベーションの質もそしてベンチャービジネスの中味も、それに対応できるよう必然的に変わらざるを得なくなる。そこには、誰にも平等にチャンスが与えられ、消費者主導の社会がひたひたと押し寄せていることを、意味するからである。もっとも、現実には、新たなサイバーセキュリティ攻撃やウイルス被害、悪質な犯罪やテロなども無縁ではなく、それ以上に高度化された社会的仕組み造りが、果てしなく継続することを求められる。オレオレ詐欺などの手口も、以前には考えられなかった社会現象ともいえるだろう。

ともかく、イノベーションスピリッツは動的進化のための必然的な要件であり、産業活動を活発化させる打ち出の小槌でもあるだけに、意欲と意志力は執念深く持ち続けたい。個人も生涯学び続けるための投資を忘れず、ビジネスも研究開発や設備投資を続けられる企業力は、ベンチャー精神につながるものであり、時代の先端をめざす動きでもある。消費者はものをいわなくても、製品を通じて企業を選別しているのだから、当事者が、歌を忘れたカナリアになってしまったら、可能性の芽を自ら放棄することと同じになってしまう。よく聞かされる、頭の中が真っ白になったとき、思いがけないところから救いの神が現われた。との言葉には、最後まであきらめない精神力と切羽詰まっても、何となくゆとりが残されていたことが、成功の要因の一つだと考えられる。曲がりくねった道を、可能な限り複雑にトライする意欲が大切であり、すべてが個人の責任と受け止めること。そして、失敗は明日への糧であり、挑戦は無限の可能性の源泉といえよう。

12章　流通革命の歴史的意義

流通産業の躍進

流通革命が呼ばれたときから半世紀、この言葉ももはやあまり耳にすることもなくなったが、当時を知り、あの熱気と戦国時代さながらの陣取り合戦や相克した人間関係などを、現場で身近に感じ取ることができた一人として、感慨深いものがある。言葉通りに産業界の発展とその後の流通業界の変貌した現在の姿こそ、先陣を切って走ってきた諸先輩たちの汗と涙の結晶の上に築かれた、貴重な果実なのだと表現してもクレームが出ることはないだろう。もちろん、その陰には、流通業の発展を支えた、強烈な個性を持った何人かの指導者の存在を忘れることはできない。

戦後の流通業は、高度経済成長の波に乗って、急速発展を遂げた産業分野の一つに加えることができる。その理由は、それまで長いこと、製造業などの後塵を拝し後進産業とみなされてきたこと、地域密着型の零細企業がほとんどであったこと、商売自体がどんぶり勘定とその日暮らし的で、透明性と科学性に乏しかったこと。しかも、商人特有の目先の利益に敏く決して損をしない、相手の顔色を見て商売する、自分の手を汚さず商品を仲介するだけで利益を上げている、などなど不評を買う条件が揃っていたことである。そもそも、歴史を遡れば、戦国時代から大名に金貸しし私腹を肥やすなど、利益を生み出す才覚は、当時から飛びぬけていたことが分かる。その意趣返し的な印象が、商人の立場を一層苦しめてきたと考えられる。

しかし、歴史的に、商店街の中心に店舗を構えた一国一城の主であるだけに、不動産を持ち金持ちであり街の名士でもあった。当時、街の目抜き通りや商店街中心に、混然とした業種の店舗が軒を連ねていた。当時は百貨店が唯一の大型店であり、その他、中型店が少しと小型店が大多数という構成で、それぞれに賑わいを見せ近隣の大事なコミュニケーションの場でもあった。その枠組みは、購買タイプから最寄り品店と買い回り品店に分けられ、消費者も与えられた環境の中で日々買い物をし、満足するしか選択手段を持たなかった原風景があった。

大きな変化は、敗戦から立ち上がり国を挙げて猛烈に働き、日本製品は安かろう悪かろうと欧米から揶揄される中、高度経済成長と所得倍増計画の掛け声のもとに、物づくり技術を磨き上げ、欧米に負けないまでの生産体制を追い求め、かつてない程の短期間で成長することができたのは、国民の勤勉さが関係しているだろう。大量生産と大量販売の経営スタイルは、いうまでもなくアメリカ方式から学んだものである。当時、流通業もアメリカに50年以上も遅れているといわれ、景気も上向き消費意欲が高まるにつれ、大量販売方式を取り入れる機運が促され、いわゆる、国内での流通革命がスタートした。やがて、輸出指向の生産体制から国内消費への転換機運が高まり、販売からマーケティングへの意識の切り替えの必要性に目覚めた瞬間である。そして、必然的に、卸や小売りに関するアメリカナイズされた歩みを、突き進み始めることにつながった。

そうなると、アメリカ詣でが止まらなくなり、それまでの対面接客方式に加え、まさに新業態であるセルフサービス方式採用のスーパーマーケット経営に注目が集まり、われ先にと、海外研修セミナーに大挙して返し押しかけ、実際にダウンタウンや店舗を見学しながら必死に学びとってきた。気前のいい受け入れ側は、ノウハウを惜しげもなく教えてくれたことは、大変ありがたいことであった。すでにアメリカでは、大型ショッピングセンターが各地に展開されており、その大きさには度胆を抜かれた記憶がある。それ以前から、農協主宰の超元気なおばさんたちによる海外視察ツアーが、国際的にも評判だったが、この手の流通視察ツアーに参加した人の数も半端ではなかった。

小売経営に関するすべてのノウハウを猛烈な勢いで学んだ中で、チェーンストア理論に一番の注目が集まった。それまで地域一番店意識はあったものの、全国的に沢山の店を広げるような認識は希薄だっただけに、ことさらに新鮮に映り、われ先にと拡大競争の幕が切って落とされた感があった。特に、先駆者の一人であるダイエー創業者の中内功によるダイナミックな店舗展開が、流通革命に拍車をかけ、大都市を皮切りにして、全国各地の市町村にまで広がっていった。この動きが、卸・小売り分野に新風を吹き込み、消費者のイメージ転換に大きな役割を果たした。同時に、消費者は自由に商品を選べるセルフサービス方式に当初は戸惑いながらも、次第に独特のサービス方式に慣れ親しむようになった。まさに、消費マインドに関する意識の大転換であり、アメリカ式大量消費の仲間入りを果たした典型的事例でもあったのだ。

チェーンストア理論は、中央集権的組織により本社にすべての権限を集中し、傘下の店舗数を増やすことで売上高を増加させ、コストダウンによる効率経営をめざす方式である。各チェーン店とも、規模の拡大と店舗の大型化をめざし、全国に展開したため、熾烈な競争が繰り広げられた。もちろん、その間に商品管理や利益管理、取引先との関係改善、人事管理など経営近代化と効率化に向けた、さまざまなカイゼンがおこなわれてきた。売り上げ規模の増大は、メーカーに対する交渉力の変化、プライベートブランドの導入など、流通業の動向を無視できなくなり、立場が大幅に改善されたことである。また、学習意欲も相当のもので、経営者から社員を含めた研究会や現地研修に明け暮れるほどの熱の入れようであった。メーカーのための生産性向上や品質管理に近い活動でもあった。短期間で追いつけた要因も、この辺にあるのかもしれない。これこそ、動き出すと力を合わせる国民性によるものだろう。標準化を好む体質そのものではあるのだが。

また、アメリカ型の大型店やショピングセンターも大型店をキーテナントにし、郊外への出店が急速に進んだことである。この動きが、やがて全国の都市に必ず存在し、街の中心街として長く栄えてきた商店街から次第に客足が遠のき、今では、大多数が歯抜け状態のシャッター通りに変わってしまう、大きな要因を作り出してしまった。ただ、京都市内や大阪など大都市圏の一部は人口も多いだけに、繁盛しているケースも見受けられる。その他にも、生活パターンや消費者意識の変化、マイカーの増加など各種の要因が考えられる。そのほか、外資系のマクドナルドやコカ・コーラなどの進出は、食に対する意識も大きく変えてしまった。今では、本家のアメリカでも、ショッピングセンターを閉鎖する動きや店舗の小型化の動きが出ているという。ネット販売が増えていることが関係しているとはいえ、競争環境変化の波は厳しいものがある。

専門店チェーンも従来の認識を変え、次第に大型化し、ヤマダ電機、ユニクロなど店舗の数を増やし規模拡大につなげた、典型的成長事例である。その他、有志連合によるグループ化で大手に対抗する例や、フランチャイズシステムで横の連携を強化し成功している事例も見られる。もちろん、吸収合併による多店舗化も頻繁にみられ、最終的には大型店同士による事例も現われるなど、競争の厳しさと消長の動きを見事に物語っている。今では、メーカー系列店、大手商社や異業種からの参入も珍しいことではない。また、農業法人などによる進出も、今後の流通パターンの変化が予測される動きになっている。

かつて、酒屋や八百屋などと呼ばれていた小売店が、コンビニエンスストアなどに業態転換し生き残ったケースは、成功事例として流通史に残ることだろう。日本発でないのが、少し気に掛かるとはいえ、ここまでの流通革命の中味は、ほとんどが、アメリカ発だったことを知ると諦めがつく。近くの国の中には、世話になったことなど忘れ、何年たっても大人気ない態度を示す見苦しい例も見受けられるが、ここでは、素直に感謝の気持ちを表わしたい。

ともかく、コンビニは、零細店は消えゆくのみと諦めムードばかりだった状況を見事に克服し、今や、日常生活に欠かせない存在として認知され進化している姿には驚かされ、ビジネスパターンの見本のように感じられる。「小が大を制す」見本でもあり、店舗には先端のオンラインシステムが配備され、最低線の日常生活品や配送品、納税代行や金融などの業務を補完してくれる多機能店舗である。その実績を率直に評価して、ここに流通革命の本筋が見え隠れしていると、解釈しても間違いなさそうである。24時間営業への苦情も出されたりしているが、その答えは、完全なパターンなど何処にもあり得ないのだから、時代の変化に任せることにしたい。

最後は、流通革命の申し子といわれた時期もあった大型店ダイエーもマイカルも、賞味期間を過ぎてしまったのか、イオングループに吸収されてしまった。流通業界の発展も、吸収と合併の繰り返しであり、いくつもの大手チェーンストアが消えているのは、どの分野にも共通する変化と競争の厳しさを示している。ようやく、メーカーと対等にビジネス活動を展開できる状況になったのも、流通革命による成果であり、明るく開放的店舗による便利な買い物を可能にし、ＰＯＳシステムによる商品管理や待ち時間の短縮、流通チャネル短縮等々、消費者に買い物の便利さを多彩に演出してきた。

また、ネットショップ・通信販売による多様なサービス、御用聞きからモバイル活用により衣替えした宅配の復活など、新たな動きが次々に現われ、目が離せない。従来の分野を越えた、業態も生まれ新次元の競争も始まっている。この激動の流通分野にも、流通パターンの裏表が戦略に関わり、時代の趨勢に左右され今日に至っていることから、身近なパターンとして受け止めることができる。そしてこれから、流通という業態そのものが、大転換する予兆すら感じられるうねりが、激しく揺れ動いていることに注目したい。

成長する物流分野

流通といえば、物的流通も触れないわけにはいかない。メーカーから消費者に商品が届くのは、必ず物流機能が存在しているからであり、物がひとりで空を飛んできて届けられるわけではない。とかく、メーカーと小売店だけに注目が集まりがちであるが、物流業者の存在がなければ、原則的には、商品を手にすることはできない。それ以上に、ロジスティックスと呼ばれる、企業が原材料の調達から生産、在庫、販売にいたるトータルな管理活動を忘れることはできない。そもそも、大量生産と大量販売を可能にしたのは、鉄道輸送の発達であり、海運輸送のための港湾整備と船舶の大型化であり、陸上にはトラックやバスによる分散輸送、空からは航空輸送が加わり、それぞれの持ち味を最大限に活用し、輸送時間の短縮や製品価格決定に関係する輸送コストの削減などを、ギリギリまで追求してきたからである。

その意味では、産業活動のベースになっているのは輸送活動であるのに、生産と製品だけが注目され、輸送は縁の下の力持ち的存在としか評価されてこなかった。産業活動はトータルな力によって成り立っているはずなのに、輸送は雲助的な偏った感覚が、これまで付きまとってきた。始めから終わりまでのすべてに関わっていることが忘れられ、いくら立派な商品が生産されても、必要とされている場所まで届ける手段がなかったら、価値を生み出すことができるはずがない。

かつて、ローマ帝国が広くヨーロッパに君臨できたのも、道路整備に力を入れ兵站力に優れていたこと。また、シルクロードもラクダやロバで交易品を輸送していた驚きの実績が、現代にも語り継がれている通りである。

世界の経済活動が活発になれば、その分、輸出入貿易も盛んになり、原材料から製品もしくは食料品に至る、多種多様な商品の交換が促進され、当然の流れとして、物流活動も大いに盛り上がる。巨大タンカーによる輸送や、贅沢品の空輸便の増加、豪華客船も国内旅行にも出かけるチャンスが増えることになる。その夢を叶えてくれるのが、広い意味の物流であり、すべての乗り物がスピードアップされ快適になり、世界中の珍しい商品の購入や安い必需品の供給をフォローし、生活を豊かにしてくれている。

身近には、宅配便の進出により、安くて速く依頼品が届けられる、大型配送センターのコンピュータ制御やシステムの整備などによる、仕組みと便利さが生活スタイルまで変えてしまい、物流に対する従来の認識を大きく転換させてきた。そして今、情報化社会からＩＴ化の普及に伴い、物流こそが主役の座に躍り出ようとしている。ビジネスパターンの変化は、物流なしには考えられないことを認知させ、あえて付け加えれば、産業の民主化を具現化する役割を果たしてきたと、表現することができる。それだけに、大型物流センター整備の動きが加速化されているのも頷ける。物流の役割は、これまで以上に評価され近代化の先頭を走り続けるだろう。

13章　成功と失敗のパターンに学ぶ

大規模化による限界

ベンチャービジネスとしてスタートし、小さいながらも独自の技術で一目置かれる企業として生き残るケースや、将来性を買われて大手企業に売却するケース、そして、大企業として燦然たる業績を残すケースなど、企業の歩む道はそれぞれに異なるからこそ夢が膨らむ楽しさがある。19世紀以降、成功して歴史を賑わしている企業もあれば、敗軍の将兵を語らずとなった企業は、どれくらいの数になるのだろうか。正確な数を知ることは、企業合併や後継者難で解散するケースなどまで追い続けることが難しいだけに、それほどの意味があるとも思えない。数字の上では、日本は世界一の長寿企業国だといわれている。ただ、数の多さだけで企業経営が巧みなのだとは言い切れず、あくまで、国内での数字であり、国外と比較して多さを誇ってみても、思考パターンや比較尺度が異なるのだからそれほど自慢できるものでもない。

経営を語るとき誤解しがちなのは、企業とは、大企業のことだとの先入観があることではないだろうか。経済や経営を考える枠組みも理論らしきものも、大企業的な発想がほとんどであり、メディアのとらえ方も社会的ニュアンスも同じようなものである。その影響なのか、中小企業で働いていても、大企業に関する話題が多いのは、何となく不思議に思える。大きな企業の方が認知度は高いため、話題になりやすいのは理解できる。また、国内ナンバーワンとか世界一などの表現が好かれることからも、その傾向が読み取れそうである。

同じような傾向として、アメリカ発の大企業の動きが何かと話題になるのは、方法論的にかつ事業展開をもリードしてきた実績があることと、成功している大企業の割合が高く新業態企業が参入する比率が高いことなど、いくつかの要因が重なってのものだろう。ヨーロッパにもイギリスのロイヤルダッチシェルを始め、有力な企業も多く存在している。しかし、歴史的にアメリカの方が、メジャーのエクソン、自動車大手のGMやフォード、GE、デュポン、IBMなど多士済々である。さらに、新規のマイクロソフトとアップル、インテル、ウォルマート、グーグルやアマゾン、Facebookなど時代をリードする注目企業が、目白押しといった状況が関係している。その他予備軍も間断なく参入し続け、その分、新規上場企業が増える流れが重なっている。さすが、ベンチャービジネス王国だけのことはある。

これらの企業の成功と失敗の要因として、どんな要件を挙げることができるだろうか。一つは時代的な要因としてGMの例が考えられる。国内に最大の市場を抱え、大量生産の雄として、長い間、世界ナンバーワン巨大製造業として、独占的活動を可能にできた背景があること。その状態が長く続き、小回りの利かない経営体質に気づかず、競争が国際的になると大きすぎて統制が利かなくなり、ついに、倒産に追い込まれてしまった。常識論では、こんな事態になるとは、誰にも予測できなかったはずである。時代の変化を読み切れず、トヨタなど新興勢力の後塵を拝する結果になってしまったのは、時が油断を見過ごさなかったからだろう。大男総身に知恵が回りかねであり、まさに、青天のへきれきといった感じであった。

ただ、業界ナンバーワン企業になると世間の風当たりがことさら強く、マスコミなどの追及も厳しくなり、必要以上に神経を使う場面が多いことも確かである。日本航空のケースでも、同じような傾向が垣間見られた。また、トヨタ自動車もフォルクスワーゲンも世界一と騒がれ始めたときに、アメリカに叩かれてしまった。自動車生産ナンバーワンの座を失いたくないとする、アメリカ的心情の現われだろう。ともかく、ビジネス活動は時代のニーズに対処できている時は耐えられても、新たな競争相手が現われると戦略転換を余儀なくされ、その読みと適応力が、勝敗の分岐点となり業績面に顕著な形で現われる。

その点、世界の流通業の雄として圧倒的規模を誇るウォルマートは、断トツのチェーン網を張り巡らし、規模の経済の典型的スタイルで成功してきた。世界中から大量仕入れによるコストダウンを実現し、よく知られている、エブリデーロープライスを旗印にしている。経営管理もコンピュータシステム網を張り巡らし、世界中から大量仕入れを武器にし、安い価格で仕入れし合理的商品管理を徹底するなど、巨人でありながら怠りなく先手を打っている。一方、労働環境や低賃金に対する批判、取扱商品の健康不安問題の発生、集約的農場産の食肉等の取り扱い批判に配慮し、迅速に怠ることなく対策を進めている。だが、近頃では、株式評価額がアマゾンに追い越されたりしている。また、従来型の大型店舗開発にも赤信号が点るなど、あちこちに、変化の波が押し寄せていてこれまでのような手法では、成長は困難になるだろう。

次のマイクロソフトの事例では、コンピュータソフトによる断トツのシェアで世界的影響力を行使してきた。時代の先読みと、超個性的経営者のリーダーシップによる成功事例の典型になっている。これまでと異なる、頭脳的戦略展開の草分け的事例といえるだろう。いみじくも、創業者による世界の長者番付トップの実績が証明している。それでも、避けられないのは、創業40年も経つと新しい技術革新の波が起こるもので、アップルやグーグルなどの競合相手に押し込まれる場面が、目立ってきている。これがあるから産業活動は流動的になり、皮肉にも活性化の道が開かれる要因になっている。

アップルは、株式時価評価額では、世界のトップに躍り出ている。しかし、モバイルの世界も流動的で世界的な競争が激しいだけに、自社技術を持たない製品開発スタイルと高級化路線が、どこまで続くのか予断を許さない。それを追い越したのが、グーグルグループであり、自動車やコンピュータなど事業の多角化を急いでいる所に、現在の経営スタイルに危機感を持っていることが読み取れる。力を持ちすぎた弊害はマイクロソフトと同様であり、同じように、Facebookの事業スタイルも個人の好みも変化するだけに万全とはいえず、次なる事業ドメインを増やしつつ、長期的戦略を模索するしか方策が見当たらない。これらのケースは、優れた経営者による閃きと能力が生み出した、超優良モデルといえるだろう。それでも、常に時間との勝負は避けられないため、大企業であっても安閑としてはおれず、世の中に絶対はあり得ないことを教えてくれている。

そして、最後の視点は、技術革新は汀の波のごとく、グローバルなうねりになって何処からともなく押し寄せ引きあげていく。先の読めるやり手の経営者にとっては醍醐味となり、覇気のない棚ぼた型の経営者には重荷に感じられるだろう。時代の移り変わりと移り気な消費動向の変化を汲み取れる、鋭い嗅覚がどこまでも求められる。また、消費者主体時代の経営戦略に精通していないと、ナンバーワン企業であっても、いくつもの選択肢を持ち先行し、鋭い感性を常に磨ぎ続けなければ、時代を先取りされてしまう厳しさが待ち受けていることになる。成功と失敗は裏腹の関係であり逃れることはできないのだから、心構えとしては、人事を尽くして天命を待つ心境で、真摯にひたむきさを継続することに尽きるといえるだろう。

国内企業のケースでも、日本の多国籍企業の先駆けであった三井物産や三菱商事などの総合商社は、早くから外国との取引を展開してきた実績がある。大手財閥の一員であったことから、敗戦により解体された後再スタートし、資源の少ないわが国の経済成長を促すためには、原材料を輸入し、製品を輸出に頼るしか手段がなかった時代に、主導的役割を担ってきた実績は、高く評価されている。今では、その経営形態も大きく変わり、仲介主体業務から方向転換し資源開発などにも事業を広げ、今では、メディカル、インフラ、エネルギー、鉄道、宇宙、流通など手広く手掛け、一部に製造部門まで抱える変わりようである。商社というより、精緻な情報力と最先端の国際的ネットワークシステムを構築し、全方位の事業戦略を推進している、コングロマリット的・複合型企業体といった感じである。時代の変化と対峙するには、業態転換も待ったなしである。物づくりを最重点にしてきたトップ企業の代表格は、トヨタ自動車である。それまで、世界を席巻し、生産現場の代名詞でもあった流れ作業方式に代わり、トヨタ式経営あるいはトヨタ方式を生み出し、世界の生産システムを革新させたトヨタの「カンバン・システム」こそ、物づくり大国を代表する一大傑作であり、経営管理史に残る誇るべき手法として伝えられていくことだろう。その成果は、世界有数の自動車会社として、積み上げられてきた効率的経営の実績が、雄弁に物語っている。

大きさだけを求める時代ではなくなっているものの、創業以来の幾多の苦難を乗り越えてきた、たゆみなく持続的なカイゼン努力の成果として、敬服に値するものがある。そのトヨタに脈々として流れて受け継がれている精神とは、仕事の問題点を見つけ、改善し、日々進歩すること。つまり、5S、改善、問題解決の8ステップ、成果を定着させる手法、これらこそがトヨタの社員に求められる 仕事の基本中の基本になっているという。ここに強いトヨタイズムが、凝縮されているのではないだろうか。

そのトヨタを追い越したと報ぜられたドイツのフォルクスワーゲンが、こともあろうに、不正問題を引き起こし世界に波紋を広げている。品質を重視するドイツ産業界の顔であり、誇りであり、業績も財務内容もよい企業だけに、信じられない思いである。世界一の自動車メーカーへの願望が、予想外の足を踏み外す要因になったのだろうか。ドイツの経営は、アメリカや日本などとは異なり、経営代表と労働組合・従業員代表と同じ人数で構成する監査役会の力が強いのが特徴であり、そのシステムが一世を風靡し羨ましく感じられた覚えがあるだけに、まさかと感じている人も多いことだろう。

これだけ大きな企業なのに、オーナー家が51％もの株式を所有しているため、巨大な権限で保守的組織体質を保持し支配してきたと考えられる。競争の変化が速く質を求められる時代の潮流に、乗り遅れてしまったのではないだろうか。ドイツには、時々巨大な権力を持つ独特のケースが登場することがあるが、体質的に中小企業的で技術力に優れ、巨大企業は育ちにくい傾向があるように感じられる。ただ、労働環境づくりは常に先行しており、短い労働時間と満足度、ゆとりさえも感じられるのは羨ましい。

国内では、新しい企業の代表例として、IT時代を象徴するソフトバンクを挙げることができる。創業時の技術を積み上げた成果だけではなく、ダイナミックなM＆Aを繰り返す巧みな戦術により、国際的な大企業に仕立て上げている。NTTの独占を許さない攻撃的戦略と、先見的で時流読みの的確さと問題提起の巧みさは、個人のリーダーシップが際立っている事例といえるだろう。孫社長の盟友であるユニクロのケースも、同じく強烈なリーダーシップにより、カジュアル衣料品の国際的専門店に育て上げている。しかし、リーダー交代後も、成長路線に乗せられる経営体制を維持できるかどうかが見ものである。両者とも、個性的で癖のある経営者だけに、リーダー交代後どのような関わりを持つのか、動向が楽しみである。創業者だけに終身関与を宣言しているが、孫社長は、すでに、インド人の後継者を指名している。身内でないところが、平素の言動を裏付けており着眼点もユニークでダイナミックである。

ホンダのケースもユニークな成功例である。自動車産業は世界的な過当競争が展開されているのに、創業以来の精神を尊重し、これだけの規模になりながら、提携や合弁などの道をほとんど選ばず独自の経営方針を貫いている、希少な例であろう。派手な宣伝もなく、常に既定路線を真面目に走り続けている印象が強く、信頼感のもてる企業の代表格であろう。関連事業にはあまり手は出さないものの、それでも、ロボットのアシモや小型ジェット機への参入は、創業者の夢の実現であり、確かな技術力による今後の動きが楽しみである。

キヤノンも世界的企業として知られている。ここは、買収も積極的に進めており、常に先手を打ち、国際標準の経営にも積極的で怠りがない。社内監査人を１００人規模に持っていくとの社長発言には、ただ敬服してしまう。この体制なら、不正な経理処理など直ちに見破られてしまい、また、そこまで徹底している企業は、ほとんど例がないだろう。無借金経営も流石であり、粉飾決算の東芝の経営者は、見習ってほしいものだ。経営者が異なれば、ここまで違いが出てしまうのか、経営は人なりを体現している代表例にも思えてくる。心配なのは、後継者へのバトンタッチであり、名経営者も年齢には勝てず、交代の時期に差し掛かっているのが気にかかる。

京セラの創業者である稲盛和夫も、名経営者の一人であろう。一代で大企業に育て上げた手腕は見事であり、周りからとやかくいわれる前に、後継者にバトンタッチを済ませてしまった。稲盛教よろしく、得意とするアメーバ手法による全員参加と、小グループ単位で収支責任を負うことを基本とし、創業以来赤字を出したことがないという手腕には、驚かされる。日本航空立て直しも、当初は若干危惧する声も聞こえてきた。しかし、短期間であれだけの成果を残した再建策は、現場に必要な管理ポイントを熟知しており、人心掌握に長けた人であることが、強く感じ取れる。

企業再建のプロと称する人の多くは、理屈ばかり先行し、一般論的で新味のない対策で終わってしまう事例がよく見られ、後付けの釈明も無難で味気ない中身に終始している。やはり、修羅場を経験したことのある人材でないと、効果的な方向性を打ち出すことは困難である。ただ、どんなに成果を出しても、当事者に対する表の面と裏の面の雑音から、逃れることはできないのが世の常なのだから、聞き流すのが勝ちなのだろう。

失敗事例の共通点

また、カネボウやダイエーも、オリンパスそして、自然災害に連動して国の管理になっている東京電力などに共通している、失敗など裏の部分について考えてみたい。まず、どんなに立派な企業でも、永遠に成長するわけではない。エベレストの山頂にたどり着いたら、それ以上、上ることはできず、後は下山するしか方法がないのと同じく、企業活動においても限られた範囲において振幅を繰り返し、動的均衡点を絶えず探し続ける旅が続いていく。継続するのか撤退するのか、売却か提携かそれらの判断を読み間違えると、会社経営に赤信号が点るのは必然である。

その決定的な例は、財政状態の悪化を招き資金繰りが行き詰まることである。ただし、組織の力は思った以上に強いもので、少しくらい問題を抱えていても直ちに倒産につながる訳ではない。たいして儲けがなくても、手元資金に余裕があれば、なんとか経営を続けることはできる。しかし、メインバンクを含めた借り入れ先がなくなり決済不能になれば、幸運の女神でも突然現われない限り常識的にはお手上げであり、トップの交代だけでは済まなくなってしまう。

カネボウやオリンパスのように、赤字を隠すための粉飾決算や不適正会計処理が繰り返され、トップ層の責任が厳しく問われる結果を招いてしまった事例もある。その最たる原因は、経営陣の見通しの悪さによる業績悪化であり、売上が伸びず利益が出なくなり、打つ手がなくなることに起因している。そうなると、経営者は体面の維持と自己責任回避のため、外部に情報が漏れないよう内部工作を始める。しかし、近年は内部告発などにより不正情報が洩れだす確率が高くなり、しかも、ネット上にでも漏れたりすると、たちまちマスコミの餌食にされてしまうから、枕を高くして眠ってはいられない。

このところ、大手総合電機メーカーはソニーに始まり、三洋電機、日立製作所、松下電器、シャープと軒並みご難続きで、いかに過当競争の激しい分野であったことが明らかになった。そして、それほど話題にならなかった東芝にまで、不適正会計処理問題が飛び火する始末である。社歴百年以上の名門企業であるがために、おごりと油断、そして、組織に積年の垢がたまり発覚したのだろうか。

それにしても、自由に発言できる社風ではなかったとは、にわかには信じられないが、時代の流れに逆行もはなはだしい。過当競争が激しいこの業界は、バブル期の苦しさから抜け出すため、一丸となって事業転換を急いでいるものと思われていたのに、結果的に乗り遅れ決算数字を操作することで取り繕うとした。しかも、執行部の確執という時代錯誤の経営センスには、あきれるばかりであり、これでは、大企業に対する社会的信頼度は、低下するばかりである。こうなると、経営管理体制云々などと格好のいいことはいってはおられない。経営者も人間であり、その生臭さが先行し表面化した例がごまんとあるからである。

昨今の、マクドナルドのケースも、世界中から食材を集めてくる手法に限界が見えてきたこと。そして、大型集約農業への批判が高まっていることも無縁ではなく、世界的なチェーン展開という事業体の在り方自体にも、難しさが感じられる。新しいタイプの競争相手も次々と出現しているだけに、サービス体制も以前ほど新鮮に映らず、いささかマンネリ気味でかつてのような活気が失われている。マクドナルド化と呼ばれた社会現象が話題なった時期もあったが、アメリカ人の健康志向意識の高まりなどマイナス要因も多く指摘され、かつての賑わいを取り戻すのは容易ではないだろう。どこかに、多店舗思考と大量販売時代の名残とニーズ対応の難しさに、課題があるように感じられる。

毎年、経営の収支バランスを取ることは、経営のプロでも容易でないことは、体験してみるとよくわかる。だが、ビジネス活動を継続する条件は単純であり、必要経費を賄えるだけの売り上げがあることに尽きる。独自の有力商品になる柱があれば利益を確保することは容易であり、結果として企業の使命は、利益を上げることに傾注していく。公営企業でも原則は同じで、公的資金が投入されるかどうかだけの違いである。また、本来監督する側の組織が、民間ではできないからと会社をつくってみても、厳しくチェックする機能が欠落するため、赤字体質から抜け出す決断を下せない難しさがある。むしろ、ほとんどの業務を、民間企業に委託する時代だけに、公的企業の縮小が望ましい方向に来ているといえよう。それよりも、本来の住民福祉やサービスに、公僕意識を忘れず謙虚な姿勢で取り組むことを優先すべきである。天下り先意識では、成果が上がるはずがないのに、腰掛的意識に変化がみられないのは残念である。

スタートに当たり起業家が考えることは、これまでにない商品の開発であり、そこに、特許でも取れれば戦術の進め方も楽になる。アイデアが先行する場合や、答えが出るまでにかなりの時間を要する場合もあるだろう。そして、起業できたとしても、企業として活動を継続できなければ、スタート台に逆戻りしてしまう。だからこそ、意欲的なリーダーの存在が待たれる理由もこの辺にある。リーダーシップ論は、経営教育の中心的テーマだけに、ことがあれば、おうむ返しに耳にタコができるほど聞かされてきた。

でも、何回聞かされても、ほとんど頭に残らず消えていくのが落ちである。必要になった時に、思いつく程度である。人それぞれ、受け止め方に違いがあることも関係しているのは確かである。それでも、身近な例でいえば、株主総会で選任された経営幹部は、そこまで上り詰めたのだから、常識的には、リーダーシップがあると判断されるレベルの人たちではないだろうか。事実、よい製品を作り売り上げを伸ばし、利益を上げ従業員を幸せにし、社会貢献にも積極的な経営者は、一般的に、リーダーシップがあると評価しても間違いないと思われる。

例えば、リーダーシップとは、手に入る情報や見解や選択肢を総合的に吟味して、目的にあった最適なものを選ぶ能力といえる。そして、すべての要素には、人間の本性や市場原理などの深い理解が必要で、それは、どんなコンピュータにもできないことであるとの意見もあるように、一般論と現場における実践能力とでは、ギャップを感ずる事態が多いのは当然のことでもある。また、リーダーシップ論は多すぎて、答えを探すよりも自己流の持論で推し進めるしか、方法がないように思えてくる。

時には、黒字倒産する企業もないわけではないが、業績も良く財務状態も問題ないのに、突然話題になるような企業に共通している点は、いつの間にか社内に忍び寄る油断と「マンネリ化」である。何回も経済的ショックを経験しているのに、プロであるはずの経営者がなぜ同じような失敗を繰り返すのか、部外者がそんな認識を持つても不思議ではない。危機対策に抜かりはないはずなのに、過ぎ去ったことを忘れるのは人の常であることが、せめてもの慰みなのだろうか。記憶も人も完全無欠な状態などあり得ないし、まして、社会的現象は人の数ほど混在しているのだから、コントロールするよりもメンバーを信じて任せた方が、結果としてよい成果が得られる確率の高さを信じたい。

現状のマネジメント体制は、海外企業との競争の厳しさも十分体験しているだけに、あらゆる点から、以前より複眼的な視点で真剣に取り組んでいることは間違いないはずである。それでも、社員の心の隙間に錆びが蔓延していくのを防ぐことは容易ではない。むしろ、組織という人の集まりであることが、デメリットになるケースも考えられる。それを防ぐには、組織変更や配置転換、時には人員削減、業態の転換、M＆Aなど絶えず改革を実行し、マーケット情報を精査し労働意欲を喚起できる、柔軟な組織づくりを心掛け、前向きに対処できる目配りと態勢づくりを心掛けるしか方法は見当たらない。

ここまでのケースから、失敗する経営に共通している主な課題は、①企業はトップから崩れるといわれる通り、経営者好みの独断専行に異論を挟めない事例が多い。②形式的で安全パイ的社内風土の容認。③会計監査法人の業務認識に対する課題。④コーポレートガバナンスだ社外取締役だと表面だけ体制を整えても、期待されるほど役に立っていない、これらの点を挙げることができる。

それでも、成功と失敗のパターンから逃れることはできないのだから、あらん限りの最善の道を探し続けることで納得するしか、適当な答えは見当たりそうにない。これまでの事例からいえることは、経営者による人災的な不祥事をなくし、経営ガバナンスの在り方に、もっと踏み込んだ制度対策が求められているといえよう。それでも、感情に支配される人の集まりに、完全を求めることは無理なのだから、瑕疵を最小限に抑え損失を拡大しない方策と、失敗を成功につなげる意欲を失わないことに尽きてくる。ただ、リーダーには、時の流れを読める感受性と能力は、必須の要件ではないだろうか。

14章　スマート経営の時代

ビッグデータが牽引

ここでは、すでに始まっているビジネスモデルをスマート経営ととらえ、次に述べるような動向をランダムに取り上げ、急速に迫りくる異次元の潮流を覗いてみたい。

今日の企業活動は、グローバル競争が当たり前の時代であり、その先導役でもあるサイバー展開こそが中心的ファクターであることは、紛うことのない現実の姿が雄弁に物語っている。ビジネス活動も個人の取引も情報の伝達も、正に、空中戦の様相をみせていて、電波によって瞬く間に世界中を駆け巡っている事実が示している。身近な生活スタイルをチェックし振り返るだけで、凄い時代に生きていることを実感することができる。それだけに、グローバル企業活動も一つの経営パターンとして取り上げることも可能であるが、ここまでの流れの中で、部分的な要素として述べているので、これ以上触れないことにしたい。

少し横道にそれて、もしこの地球が、大破局した後にいくばくかの人間が残されたと想定すると、その人達には、改めて生活を支えるのに必要な知識が、求められることになる。そんな想定の下に数々の必要事項を取り上げ、解説した著書がある。大破局への要件として、鳥インフルエンザ、核兵器の使用、小惑星の激突を挙げている。便利で分業社会に慣れ切っている人たちが、このまま、突然、裸同然で野生に放り出された瞬間から、生きるための知識が試される。[1] 意表を突かれた内容構成であるけれど、意外に現実味を帯びている。苦労せずに何でも手に入り、慣れ過ぎた日常生活に漬かり過ぎていると、もしもの時に必要な知識不足に唖然とさせられ、分業社会の有難みを思い知らされ、片や、著者の博学振りにも驚かされる。沢山の興味深い内容が盛り込まれていて、読んで為になる書物としてお薦めしたい。

次に、複雑性の中心的テーマである、自己組織化の考え方を紹介しておきたい。自己組織化とは、必ずしも、明確な定義があるわけではないだけに諸説が見受けられるが、一般的に、自分自身で道を切り拓き方向性を導き出す意味として使われている。ここでは、対象を宇宙にまで広げとらえている所に、従来のものより特徴的であると感じ取れる。自己組織化は宇宙全体にあまりにも完璧にいきわたっているため、私たちはそのほとんどに気づくことさえない。自己組織化は、生命や自己淘汰よりもはるかに古い歴史を持ち、それによって、恒星や太陽がつくられ、地球が固まり、月・海・大気を獲得し、大陸が移動し始めたのである。また、生命は、新しい遺伝子の考えうるかぎりのあらゆる組み合わせ、再読、編集およびその代謝テキストの再処理を休むことなく実験しており、すでに膨大で、今もなお増大しつつある代謝の多様性を生み出している。[2] こ

1　『この世界が消えたあとの科学文明のつくりかた』ルイス・ダートネル著、東郷えりか訳　河出書房新社
2　『進化の謎を数学で解く』アンドレアス・ワグナー著　垂水雄二訳　文藝春秋社

れは数学者が、宇宙の創生から生命の誕生までを、自己組織化の範疇にいれ、解説している点がいかにも新鮮であり、理解を進める上で参考になるだろう。

ところで、ここまで進化してきたビジネスパターンのこれからの指針には、どんなコンセプトが盛り込まれ具体的成果を導き出すことができるのか、期待が膨らむばかりである。ビジネス活動が切り拓いてきた、数々の偉大な成果と過剰気味の問題点が織り込まれている路線を前向きに改革し、さらなる高速の乗り物に乗り換えられるのか、もしくはターニングポイントに差し掛かりブレークダウンを余儀なくされるのか、興味はどこまでも尽きないが、いくつかの観点から探ってみたい。

まず、経営の革新性を支えてきた一つの要因として、人力や馬による移動から、自動車社会に移行できたことで、爆発的に成長したことが挙げられる。それ以前には、電話や無線通信、そして鉄道の発達が産業活動の躍進力になったが、個人の満足度を中心に置いた生活スタイルへ一挙に変えてしまったのが、自動車の発明であり、結果的に、物づくりの思想を根底から覆す役割を担ったことである。今や、飛行機が海外に出掛ける際に、欠かせない存在ではあるが、自動車には日常性と機能性、身近にある便利さ、使用頻度、数の比較では足元にも及ばない。もちろん、それぞれの役割分担に意味があるのだから、機能性や尺度の違いがあるのは当然である。

自動車の安全性を高め、技術革新を継続するのに必要な知識の積み上げから、やがて、コンピュータ開発へと移行する。コンピュータが開発されたことは、新たな躍進への筋道を切り拓く偉大なツールを、手に入れたことの証になっている。これまで蓄積されてきたあらゆる分野の成果を検証し、新たなる挑戦を可能にしたこと。同時に、その影響力の大きさ、生活スタイルから産業スタイル、「思考パターン」そのものまで変えてしまった実態はまさに快挙であり、コペルニクス的転回ならぬパラダイムさえも転換させてしまったことにある。

しかも、日常生活のあらゆる場面で活躍し、科学技術の基礎を支え宇宙計画から人工知能ロボットへと休む間もなく進化を続けている。先人もこのことを知れば、全面的とはいえないまでも、さぞや羨ましがることだろう。この文章も、パソコンがなかったらまとめるのに苦労し、陽の目を見ることはなかっただろう。ただ、バージョンアップするたびにパターン化された単語に引きずられ、カーソルが飛び交い文章を乱される予想外の展開に悩まされたりしている。個人の知識不足とパソコンが単純に先読みする動きは、ロボットが高度化されるに連れ人間がリードされる状況と重なってしまい、何となく不愉快な気分になったりすることがある。

今日の組織運営の根幹には、コンピュータシステムが必ず組み込まれていて、その進行度合いが経営効率を判断する材料になっていると表現しても、間違いないだろう。もしくは、企業ごとの取り組む姿勢に経営センスが問われていると、言い換えることもできる。例えば、三メガ銀行と呼ばれている巨大銀行のホームページから、ホームトレードにログインする場合、三菱東京ＵＦＪ銀行のケースでは、セキュリティー対策に万全を期しつつ、最短経路で目的画面に到達することができる。また、別途、独自のセキュリティーソフトの無料提供や、さらにワンタイムソフト、クラウドダイレクトの導入など、常に先行する対策に油断なく目を光らせている。それでも、コンピュータウイルス侵入の恐怖から１００％逃れることはできないのだから、コンピュータの進化とウイルスとの戦いは、ビジネス活動に終焉がないのと同じく、生命がある限りどこまでも戦いは続くことだろう。

その他ホームページの構成も、整然としており内容説明にも無駄が少ない。いわゆる、メンバーのニーズを先取りしている意識が強く感じられる。これこそ、相手に信頼される重要な財産の蓄積であり、他所が真似したくとも簡単にできるものではない。担当部門のスタッフが洗練されていて、押し付けでなく、何をどのように伝えたら相手の理解を得安いのか、組織としてその判断基準がしっかりでき上がっているからこそ、利用しやすい形に体現されている。どこまでいっても、主役はユーザーであることを忘れない、そこが、成長する企業の核心であることは、いつの世にも共通する認識だろう。そんな組織でも、トップの意向が末端の従業員まで浸透することは、至難の業である。窓口で時折感ずる個人の対応力や、内部的には、人事部門に対する不満や不信感や合併以来の悩みを、いまだ払拭できていないことから推測できる。

もちろん、大事なコンピュータシステムも定期的に改善しなければならず、そのためには、多額の先行投資が必要であり、保守管理費用も馬鹿にならない。その経営判断の確かさと企業業績が安定していないと、実現が難しく先延ばしが始まり、顧客の信頼度は低下するのが常道でもある。だが、システム化を先行させないことには、競争に勝つことは難しくなり、そこに、経営層の先見性と判断力が問われれことになる。

しかも、ネット専用銀行や新規参入も多くなり、以前ほど大銀行を意識しなくなっていること。さらに、ネット決済が増え、現金支払いが少なくなる。つまり、システム化は限りなく進み、銀行経由でなくても支払いができるようになるなど、新興金融の動きは、新規参入業態や中小の金融機関等も巻き込んで、新風を送り込み続けるだろう。また、巷の注目を集めている金融とＩＴ化との融合化、いわゆる欧米中心にした活発な動きである、フィンテックの流れが加速化する傾向は避けられず、また、ビットコインに対する全面否定から、ここに来て、法制化に関する閣議決定がなされるなど、一定の変化が示されている。銀行の役割も、コンピュータシステムが高度化するにつれ、現在のような有利性が次第に変化していくと思われる。店舗での自動化やロボットによる役割分担など、サービスの質的転換やコスト競争、レベルアップされたグローバル競争などに、有無をいわせず追いかけられるからである。

いつの世でも、特定の業種に対する偏った有利性は、基本的に歓迎されるものではない。なぜなら、結果的に、関係先との対応に不平等感が生じ、健全な関係が維持できなくなる傾向が見られ、業績面でもマイナスに働くことが多いからである。たとえば、リーマンショック以前の大手金融機関の中には、安全意識の強さに加え業務知識の不足から、サービス対応に不信感が感じられた時期があった。しかし今では、大きな波を乗り越えた学習効果と金融業の経営パターンも、規制緩和により業務拡大が可能になり、裁量の余地が広がることで、せめぎ合いが激化する状況に突入している。金融業もマイナス金利政策の導入や電力・ガス自由化の動きも、規制に守られてきた強みが消えるときが、ひたひたと着実に近づいている。もはや、既得権の枠組みが外れ、自由競争に耐えて行かなければならない。

それだけに、経営資源の集中と先端的で融通性のある、質の高い経営見通しの下に方向性を決め、国際的に通用する業務レベルの向上と多様なサービスで、生き残るための万全な対策が欠かせなくなっている。少なくとも、確かで連続性のあるユーザーサービスに徹することで、ビジネスが成り立っている原点を、見誤らぬようにしたいものだ。

ネット通販の隆盛

次に、ネット通信販売の動きも気になる存在である。これまでの、電話や郵送による取引方法主体のスタイルから、Ｗｅｂサイトから取引が可能になった現在の通販システムは、コンピュータ時代の到来を契機にして、大きく経営形態が変わってしまった。簡便性や即時に取引が完了するスピード感や、どこからでもどこへでも予約や注文できる便利さには、驚きと感謝の気持ちを表したくなる時さえある。ネットワークシステムはＷｅｂ上に巨大な市場を作り出し、取引形態も変え個人から各種組織にいたるまで、莫大な恩恵と便益を創出してきた。

今では、モバイル端末も含めたユニークな市場が形成され市場規模拡大を促し、膨大な情報が、休む間もなく関連先との間を飛び交っている。そこに、ソーシャルメディアも加わったことで市場が予想以上に膨れ上がり、個人情報が洪水のごとく発信され、まさに、ビッグデータ時代の呼び水となりチャンスが拡大し、新たな土俵作りの先導役を担ってひた走っている。

暇さえあれば端末を操作している人の姿を見るにつけ、未来の人々の進化と生活ぶりを体現しているのではと思うこともあるが、それだけ、個人間や登録先からの情報に振り回されている実態ともいえよう。ともかく、通販サイトは、かつての通販専門業者や流通業関係・サービス業主体であった状況から、今では、異業種はもとよりメーカーまで包み込んだ広い分野で採用されており、あらゆる機会をとらえメンバー登録を呼び掛けている。現物確認して購入するのが当たり前だった時代は過ぎ去り、電子カタログがその役割を果たすことから、さらに通販の利用者が増えるのは間違いない状況である。ネット情報は、どこの国からでもチェックすることができ、時間的経済的にも個人のニーズに応えてくれる環境が整備されたことが、市場拡大の決め手になっている意義は大きなものがある。技術進歩の恩恵には感謝あるのみである。

また、アマゾンや楽天など大手の業者の存在も、顧客ニーズに迅速に対応し便利さと安心感を与えている。いささか、押しつけ的で行き過ぎの面もあるにしても、便利さの前には勝てず利用してしまうからである。セブン―イレブンとユニクロの業務提供も、これからの流通業の方向性を示すケースとして、期待の持てる動きである。大型総合流通業とトップ衣料品専門店の協力関係という、これまでと異なるパターンであり、ユニクロで買った商品が、セブングループの店舗で受け取ることができる、新手のサービスの提供を目玉にしている。また、宅配サービスも、珍しいことではなくなり、高齢化の実態と流通業の通販の拡大、そして、新たな業態へのアプローチが始まっていることの現われである。これまで以上に、可能性への挑戦はさらに進化していくだろう。

店舗販売プラス通販で捕捉し、さらに、店舗でも商品の受け取りが可能になる。そして、配達機能も加わり万全のサービス態勢を目論んでいる。つまり、買い手に対する最大限の便益を提供することによる、囲い込みを意識し競争を有利に進めたいとの目論見でもある。この態勢がスタートする一方で、新たにIOTの動きも加速化されており、そうなると、流通業の在り方そのものに変化が現れることを、阻止することはできなくなっている。

つまり、物に情報が付けられることは、結果的に、消費者主体の動きが強まることを意味するもので、必然的に迅速なサービス提供が避けられないからである。生鮮食品など、その日のうちに新鮮なまま消費したい商品は別にして、定番商品の場合は流通業者からでなくても、今以上に、メーカーやその他便利な相手先から、直接的に購入する機会が増えるのは必然的な流れでもある。

例えば、メーカー通販サイトも負けまいと機会あるごとに情報を送り、臆することなく直販体制を強化している。

さらに、垣根が取り払われ新規の販売手法が、次々と登場する勢いである。例えば、ウエアラブルコンピュータの出現により、便利さがさらに加味され、消費者意識転換の呼び水になるのは、間違いないからである。現に、これらの変化に伴い、既存店舗の売り上げが通販に押され閉店する動きが、出始めているのがその兆しである。

ところで、ビジネスパターンや消費動向などの動きは、いくら精査しても確定的な答えを得ることは容易ではない。それに対して、エドワード・フレンケルによれば、数学の知識は、物理的世界を見るわれわれの目は歪んでいる可能性がたえずつきまとうのに対し、数学的真理は歪むことがない。なぜなら数学的真理は、客観的で、時を超えた必然的真理だからである。[3]と述べている。数学の世界は、何とも羨ましい存在であるけれど、社会学分野の役割は、生きることへの最良と思われる答えを求めて、数学の成果をたゆみなくしなやかに活用し、かつ、歪みをたえず吸収しつつ、社会全体のエネルギーロスを減らすことと、社会的枠組みづくりに邁進する違いがあることを挙げられる。

しかし、過去には、そこを踏み越えてしまい、グローバル経済危機や金融市場のかく乱を招く過ちを犯してしまったとものべている。また、数学には、情報に秩序を与えるという重要な機能がある。３Ｄプリンタの登場とともに、身の回りの世界は根底から変わろうとしている。あらゆるものが、物質の世界から、情報とデータの世界へと移行しつつあるのだ。まさに、ビッグデータ時代の役割とＩＯＴの方向性を示唆している。このように、数学はあらゆる分野の最終の切札として、確かな答を見つけ出し、今後の進み方を示してくれることだろう。

3　『数学の大統一に挑む』　エドワード・フレンケル著　青木薫訳　文藝春秋社

次に確認しておきたいことは、人工知能ロボットと未来予測に関する課題である。ロボットに関しては、多くの人が興味を示すものの、未来予測的なことには、あやふやな態度の人が多いように感じられる。ロボット化の動向の多くは、視覚で直接確かめられるのに、予測はあくまで予測であるとか、あまり変化してほしくないなどの意識も、関係がありそうである。しかし、高性能のコンピュータシミュレーション解析や科学分野のレベルアップに伴い、未来予測の精度も飛躍的に向上している。

その点、ビジネスなどの社会科学分野は感覚的要素が入り込むため、長期的な予測は困難だと見られてきたが、それでも最近は、自然科学分野との融合により距離感が縮まり、成果を的確に分析し反映させ実績を残している。にわかに高まっている、文理融合による、理系が文系に接近している動きや、個人情報保護制度の浸透と情報開示ニーズの広がりなども、微妙に関連しているのではないだろうか。

つまり、宇宙物理学や数学、進化生物学やコンピュータ科学、医学や化学、そして生命科学などの複合的分野からも、ユニークなアイデアが提起される時代的背景へと変化しているのも、要因の一つではないだろうか。人間は本来、単純なライフスタイルを好み、当初から自然をコントロールする気持ちがあったとは、とても考えられない。しかし、経験と知識を蓄え力に変え、気が付いてみたら強力な侵入者は現われず、多くは人間同士の争いでしかなかったため、自己本位で身勝手な振る舞いが拡大し、遂には黙認されてきた経緯がある。それでも、地球外生命の探索を諦めず、冥王星や彗星へロケットを飛ばし、国際宇宙ステーションでは、国際協力による調査は続けられている。

しかし、テレビ番組でもお馴染みの物理学者ミチオ・カクによれば、宇宙旅行も宇宙エレベーターを使えば、可能になるだろうとしている（今や官民の取り組みも盛んであり、あと三十年もすれば実現可能との説も出ている）。また、そのころには、銀河系内の惑星の探査も、ほぼ終わっているだろうと述べている。

その方法は、自己複製するロボット探査機を送り際限なく複製を作ることで可能になるだろうとしている。人では無理でも、ロボットならば、エネルギーは宇宙空間から、食糧も酸素の供給も心配がない。何とも壮大な未来予測の夢である。これだけ読み応えのある内容を盛り込んだ書物は、なかなか見当たらず、物理学者なのに、広範囲の知識を盛り込んでいるのには驚かされる。夢の続きに浸るために格好の書である。

人工知能ロボットとＩＯＴ

さて、近未来の予測に戻り、人工知能ロボット・コンピュータについて考えてみたい。宇宙探査のための自己複製ロボットが開発される前段に、人工知能ロボット研究が成功していなければ、単なる夢で終わってしまい兼ねない。あと二十年もすれば、コンピータは、自らデータから学習し、人間の身体・社会的な法則性や制約も理解するまでに発展する。また、学習するコンピュータの登場により、人間がやるべきこととやるべきでないことが大きく変わる。最近、こんな見通しを各種の媒体が伝えている。現在の状況は、人の表情や声から、喜怒哀楽などの感情を読み取れ、自らの感情を表現できるものまで現れ、高齢者の癒やし相手として着々と成果を残している。

たしかに、コンピュータは連続的な作業や膨大な量の数値計算、データ保存などを得意にしており、人間が苦手にしている業務を簡単にやり遂げてくれる。むしろ、コンピュータへの依存度は、日増しに高くなるばかりであり、生活の根幹部分にまで入り込んでいるのが実態である。いやむしろ、コンピュータなしには、現状の生活を維持することは困難になっており、複合的な便利さの追求こそ、コンピュータ性能の向上とイコールであり、進化するうえで欠くことのできない最上のツールなのだと、言い換えることができる。身近な生活の場を見回してみると、その浸透度合いに驚かされてしまう。

その先に、ロボットという身代わり役が、人との力関係を逆転するまでに成長し、部分的に抜き去る時期が巡ってくる。そんな風景が、あちこちで見られるようになり、驚きと感謝の気持ちから、やがて、役割分担を懸念する声になって跳ね返る時がくるだろう。もし、使い慣れていたモバイル機器が、指示通りに動かなくなり、逆に命令されるような事態になったら、大騒ぎになることは間違いないだろう。

まして、ロボットが反乱を起こし人の行動を監視するようになれば、映画もどきの戦争が始まる時代がやってくるかもしれない。それを防ぐには、慎重な情報セキュリティー対策が最大の要件として浮上してくる。しかし、いい意味での棲み分けは今でも進行しており、将来の健全な姿は、ロボット知能のレベルアップと並行して依存度が高まり、健全なエネルギー消費社会をめざす担い手として、効果的役割を荷ってくれる方向性が、最適な道筋と考えられる。

また、これからの人類の繁栄は、コンピュータシステムと情報処理技術に、収束されつつあるといえるだろう。これまでに繁栄が行き過ぎ、環境破壊と格差の拡大、各種エネルギー消費の膨張、国土の荒廃とストレスによる健康被害などから、正常な状態に戻すためには、科学技術の力とウエアラブルコンピュータやロボットの性能向上、ビッグデータ処理技術の活用により活路を見出し、国際間の協調を保持することだと考えるからである。河川の汚染も食糧増産による環境破壊も、そして、人特有の欲望を抑えた将来志向の産業活動など、高度な国際的監視網によるコントロールシステム構築なくして、実現の夢は遠のいてしまい、新たな紛争を引き起こし兼ねないからでもある。

その夢も、ロボットの社会進出と無人探査機や、自動車の自動運転からの進化形である、空飛ぶ自動車や一人乗りヘリコプターの登場によるサポートを可能にすることだろう。そのころには、人工的に砂漠に雨を降らし、樹木が育ち自然農法も可能になると思われる。そのメリットは、限りなく大きく持続可能な環境が保全され、豊かな自然環境が戻ってくると考えられる。そして、クラウドコンピューティングが実現したかと思ったら、ビッグデータが騒がれ、ついには、ＩＯ

Tにまで突入している。こんなに変化が速いと、ハイテク音痴の人はストレスが溜まってしまう。ＩＯＴは、簡単にいえば物にチップが埋め込まれ、それを読み取り数値管理のロスをなくし、情報源として活用することをネライにしている。情報から「ものとこと」につながる、壮大なプロジェクトである。

この動きは、モバイル、ソーシャルメディアなどから発せられるビッグデータが、ヒントになっている。橋やトンネルなどの故障の前兆をとらえ、冷蔵庫の遠隔操作などもできるようになる。その根底の流れは、日本発のユビキタスコンピューティングの進化形であり、すべての物の動きを正確に把握し、特に、企業の生産活動に活かし無駄を省き、エネルギーロスの低減につなげることができる、画期的な手法として各国が先を競って研究を進めている。そのメリットは、消費者が商品情報を得やすくなり、主体性が尊重され、思考パターンの変化と社会的意識の転換が起こることを意味している。

このように、新たなビジネスパターンは、次なる次元にスピードを挙げて突き進んでいることがよく理解できる。そうなると、ビジネスマネジメントの将来の形は、どのように対応しなくてはならないのだろうか。高性能のモバイル機器主体の現状も、それほど目新しいものではなくなり、次の主役の登場が待ち遠しくなるなど、新たな視点による予想外の機能を備えた製品が登場してくるだろう。もしくは、人の寿命も延長することができるようになる、そんな将来の話はさておき、もう少し先のビジネスパターンについて掘り下げてみたい。

特に、資本主義体制に関する著作が目立ち、その多くに課題を指摘する声が多い要因は、どこにあるのか再度検討することから始めたい。振り返ってみれば、今日の社会体制は、資本主義と呼ばれるメカニズムにより、経済活動全般の規模を飛躍的に拡大させ、生活環境を大幅に変革してきた。つまり、生産活動と消費活動が活発になり、物の流通を増やしインフラを整備し、社会生活を豊かにしてきた。同時に、財政規模の拡大と金融市場の発展を促し、巨額の投機マネーが経済活動を刺激し産業活動を支えてきた。

また、科学技術の飛躍的発展と公共施設の整備充実、芸術・文化などの振興も活発におこなわれ、総合的な生活環境を劇的に変化させ社会的インフラ整備に貢献してきた。しかし、その一方で、膨れ上がるばかりの経済活動は、自然環境の破壊へと進み、地域環境汚染や公害の垂れ流し、森林破壊や過剰な人工物の建設、食肉動物などの虐待から、金銭的・物的欲望を満たすためには手段を選ばない体制に移行してしまったことが、今日の批判を受ける重要な要因になっている。

また、便利さの代償として費用の嵩上げは避けられず、経済活動には、いわゆる、どこにも無料のランチはないのであって、エネルギーを使うと必ず費用の発生を伴うことを意味している。大量生産と大量消費に踊らされればく進を続けてきたものの、漁業と農畜産パターンで見てきたように、大規模生産体制の方がむしろコストがかかり、汚染や薬害による被害も大きくなることが判明している。同じように、工場生産やショッピングモールなどの巨大化も、共通的な問題点が浮上し変更を余儀なくされ、現実的な転換点に差し掛かっていることである。

それだけ、大型化への意識構造は、資本主義体制の本質的なものとなり、競争社会の願望であり捨てきれない道具でもあったのだ。しかし、そこが環境破壊や汚染の根源となり、周り回って、富の偏在、国際紛争や貧困、格差問題、難民問題などにつながっているだけに、なんとしても、この根を断ち切らないことには、解決の糸口は見えてこない。これらの課題対処に、経済成長でカバーできるとの常識論的で安易な主張だけでは、現実的に受け入れられるとは思えない。

それにしても、人は大きさや強さにあこがれる習性があるらしい。企業のケースにあてはめると、組織が大きいと競争力があり、有利に経営を進められると、多くの人が思い込んでいる意識は捨てきれない。ここまで見てきた、それぞれのパターンからも、大企業が台風の目になって渦を広げ、周りをぐるぐると巻き込み事業活動を進めていく、そんなスタイルが、当たり前のように受け入れられてきた。その後に目にする風景は、台風一過と同じような惨状を目にして、一時的に悲嘆にくれる感覚である。つまり、大企業と取引する中小企業との関係によく似ていて、平時は問題なくても不況期になると、下請け側に問題点をしわ寄せし、その場を乗り切ろうとする構図と同じになってしまう。

現実の拡大経済の功罪からしても、むしろ、大きさゆえの副作用が多くなり、マイナス方向に作用することが、忘れられがちになってしまう懸念である。ビジネスに関しても、規模拡大と効率を追い掛け過ぎる経営は、長続きしない事例が多くの場面で現実的に見受けられる。トータルな面から判断しても、依存体質による甘えやマイナス要因が発生した場合に、取り返しのつかないような社会的負荷が大きくのしかかってくる。むしろ、自己責任で主体性を重んじた、ほどほどの規模と質にこだわるビジネスに徹する方が、長期的には賢い選択であることに気づく例が、着実に増えていることである。

もちろん、景気が好調な時や企業が短期間で急成長する時は、指数関数的に拡大するケースも時々見受けられるが、大型化した組織はボタン一つのかけ違いで、思わぬひび割れにつながることが間々見られる。大型化はある種の権威づけである反面、保守化現象と形式的になりがちな要因が付きまとうため、組織の末端まで神経を行き届かせることは至難の業であり、それだけに、崩れる時は意外にもろさを暴露する。そして、巨大なものほど、本質的に高リスクであり、行き詰まる危険性が高いことは、ここまで見てきたとおりである。限界効用逓減的現象に陥るのも大型組織の特徴でもあり、また、効率にこだわり過ぎると自滅しかねない現象が、予想外の要因により表面化してくる。あらゆる点で、万能であることなど夢であり、人の命も経営効率も無限ではなくひたすら有限であり、まして、豊かさを効率だけで測ろうとしても、立ちはだかる厳しい壁を乗り越えることは許されない。

大規模化より地産地消

補足的に、大量生産も集約的農業も、需要と供給をサポートしコスト削減に貢献しているように見えても、最終的には、自社利益優先と環境への配慮を欠くために、社会的支持の低下を避けられなくなっている。その解決方法はむしろ、新手の競争相手が次々に現われることにより、大きな組織を必要としない社会的体制に、移行する手法が考えられる。また、ほどほどの大きさの組織の方が、すべての面から効率的であること、一方で、大型化は過剰な競争関係により精神的疲労を増幅し社会的損失を引き起こすことを、証明することであろう。そんな状況を解決するには、高度で総合的なＩＴ化パターンが先導役になり、今後の社会システム構築の役割を担ってくれることに望みをかけたい。しかも、アンチ大型化の波は、身の回りに着実に浸透し始めていることに気づかされる。

それにしても、これだけ批判が噴出している資本主義体制に変わる、何か、新しい体制は考えられないだろうか。これまで地球規模で経済発展をリードし恩恵に与ってきたシステムを変えることが容易でないことは、多くの人が理解している通りである。しかし、市民参加の増大と急速な社会情勢の変化が、現状への不安や不満をこれまでになく声高にしていること。そして、ゆがんだ超富裕層の存在と権力機構への不信感など、山積している課題を放置することは、一層の混乱を招き兼ねない。

そこで、個人的には、環境との調和に重点を置いた「アース資本主義」ないしは、地球規模で対処する「アース本位主義」を提唱したい。なお、ミチオ・カクは、完璧な資本主義の考え方の中で、生産者と消費者が市場について何でも知っているため、価格が完璧に決まる場合をいう。

将来、消費者は、各自のコンタクトレンズからインターネットを探して一番安い航空券を見つけることができる。それらを含めて、「知能資本主義」へ移行すると述べている。[4] 高度な知能先行時代を、見越しているのだろう。

宇宙衛星の活用で、今日の世界はグローバルネットワーク網が活用できる。いわゆるグローバル化の素地は、もはや、完成していることと同じである。世界経済も、アース本位主義の下で経済活動が活発に展開され、取引システムも今後さらに精緻化されることで、内容も一層成熟化していくはずである。国境線も、個人の意思が尊重され決済システムも整備されれば、それほどの意味を持たなくなる。同時に、過剰な取引やエネルギー消費を抑制し、地場産業や小企業が中心になり、地産地消による消費スタイルに重点が移る可能性が高くなるのは必然である。

つまり、ローカリズムの認識が浸透することにより、地域ごとに供給不足なものだけ他の供給先から購入するルールが定着すれば、距離的物流コストなどかなりの無駄が削減され、企業間の過当競争も下火になってくる。ここにも、自由競争により決着をつけるのか、緩やかな経済制度規制により進路を探るのか、答えは簡単ではなさそうであるが、これからの経営パターンの筋道を探る手法として、手掛かりになるだろう。

足元の経済も、中国経済の成長鈍化や株価の下落など、経済の未成熟さが表面化し、いわゆるチャイナリスクに見舞われ不安定な状態になっている。世界経済同時不況の波は、即時、世界中

4　『２１００年の科学ライフ』　ミチオ・カク著　斎藤隆央訳　ＮＨＫ出版

に情報が飛び回り、敏感に反応を示し、株価は乱高下する。株式市場は、大多数の株主が参加するために実に敏感な反応を示し、だからこそ予測困難であることがよく理解できる。これこそ、ネットワーク時代を象徴する、特徴的な現象といえよう。こんな不安定要因が、情報伝達の速さによりビジネス活動にも大きな影響を及ぼし、必要以上に競争意識を駆り立て、無意識的にエネルギー消費を増加させる構図が、繰り返される。この不安定感こそ、逆説的には、社会を活性化させるエネルギーだと解釈することも可能であるけれど、行き着く先は霧に包まれたままでもある。

スマート経営による経営革新

つまり、経済や経営活動は、好調時は直線的にどこまでも伸びるのでは、と勘違いすることが多いが、現実は、あちこちから突風のごとく現われる事象に揺り動かされ、翻弄され時にうろたえる結果を招いてしまう。それを乗り越えることで平衡が保たれ、新たなアイデアにつながる経済のメカニズムを、拒否することはできないのだから、肯定的に解釈するしか道はなさそうである。ともかく、通信技術の進歩により着実に社会的環境は変化しており、その分、多数の声を無視できなくなり、コントロールすることの難しさも倍加する。時には、完璧さばかり求めず、楽観論も見捨てたものではない。

人間の体内には、60兆個の細胞と1000兆個もの細菌からなるマイクロバイオーム（細菌叢）が暮らしているらしい。ゲノム解析技術の進展で測定が可能になったからとされているが、従来、細胞による働きと考えられてきた、体の病気だけでなく心の状態にも、腸内細菌が深く関与していることを突き止めたという。生物と無生物の間にあるのが細菌といわれてきたのが、最近の研究では、細胞との間に大事な役割分担があるらしい。特に集中しているのが、第二の心臓ともいわれている大腸での役割分担であり、そこでは、細胞との協力で病を治すこともあるらしい。

その他にも、細胞の働きとされてきた部分に、細菌も加わることが各種実験で明らかになってきた。つまり、細菌と細胞とは、ライバルではなく協力関係にあることが判明した事実は、今後の人体解明に大きく貢献するものと思われる。それにしても、生物の構造体は、普段は直接、目にすることのないミクロの活動体の支えがないと、この世に存在することも命をつなぐことも叶わないことが、一層明確になったとされている。

企業活動もいうまでもなく、材料の仕入れから製品開発、そして、流通から販売のルートを経由して消費者に届くまでに、何人もの人が関与することで成り立っている。もちろん、詳細な流れは当事者にしか分からなくても、相互に機能分担し協力関係がなければ、消費者に認められる商品づくりに結びつかないことは、確かな答えでもある。細胞と細菌は、生物の体内を住み家にして協力と反目を繰り返しているけれど、企業活動は、外部からは主力製品の動きや決算報告書などで動向を知ることができても、日常の細かなことまで知ることはできない。もちろん、その過程で熾烈な生き残り競争が繰り広げられ、白日のもとにさらされたりする。しかも、科学技術の成果を追認するかのように、次々と競争関係が生まれ、新製品が開発されるプロセスを繰り返している。

しかも、最近の傾向から推測すると、産業構造を変える可能性のある動きがあちこちに見られることである。従来と異なるのは、第四次産業革命とも呼ばれるように、産業間の境目がなくなる動きが、顕著になっている環境条件の変化である。これまで積み上げられてきた、生産と販売、建設と流通、農業と水産業、サービス業などのくくりが希薄になり、どこからともなく新規参入者が現われ、効率性の高い新形態として浸透する動きが目立っているからである。

製造の現場では、オール自動化の工場やロボットによる高度なシステム管理が浸透してきている。それでも、コスト競争に勝ち残るためには、作業効率を高めシステムの高度化や自律的なロボット管理へと進展していくであろう。まして、人工知能ロボットの進化が現実のものになり、センサー機能や遠隔機能操作が浸透することにより、経営パターンは予想以上にレベルアップされてきている。しかも、情報からものを作る時代が到来したことで、さらに可能性の環が拡大するはずである。その感覚でビジネス活動の未来を俯瞰できる対応力を身に着けないことには、周回遅れのランナーと同様に、明日への展望を見通せない現実も見逃すことはできない。

情報からものを作る時代とは、コンピュータを中核にしたネットワークシステムが補完し、個人が主役となり、情報の発信者であり作り手としても、参画することを意味している。そこに、ものづくりの飛躍的発展が可能になると同時に、こととしてのサービスや人間関係、企業形態などの変化を巻き起こし、企業活動の質的転換と意識改革、そして柔軟な対応が求められるようになる。社会生活全般にわたり、大きな便益を享受できるようになるだろう。それこそ、人間社会における最重要点でなければならない。

誰にも与えられている平等な権利を侵害されることなく、得意なことを役割分担して社会的使命を果たせる環境づくりこそが、人類の、そして、今後のビジネスパターンの方向性を決めるカギになるはずである。一人一人を大切にする社会や産業活動こそ、同時代に生を受けた人々に課せられた、重要な責務ではないだろうか。

これまで、アメリカ式パターンが独走してきた時代から、新たな競争相手が参画することによって、むしろ、多極化と多様性の相乗効果が生まれ、新時代の地平が切り拓かれ好循環をもたらす、時代性を象徴する鏡となるだろう。つまり、多くの声が、アメリカの影響力が低下傾向を辿っているのだと、得意げに騒ぎ立てるのは、的外れであることを意味している。むしろ、世界の各地から競争相手が澎湃として出現するという、理想的な状況変化を歓迎する好ましい変化現象なのであり、今後のあるべきパターンを形成する兆しとして、期待できるからである。ここでも、時計の針は常に動き続け、取り巻く環境は、ひたすらに流動的であることを示唆している。

今後の望ましい形として、超富裕層の資産上限設定、巨大組織の資源利用制限と無駄の排除、貧困層の撲滅のための国際的協力体制、誰もが学べて自由が保障され、産業活動への容易な参入、社会生活の心身とも健全な環境づくりなど、めざす改善目標値は高く設定され、実現に全力を尽くす制度の構築が欠かせない。これらの事項を、企業のあるべき理想的ケースとして捉えてみると、今まで以上に多様な知識や高度な技術が融合し合い、先鋭化と成熟化が加速化されることは明らかである。その過程において、特定企業の大規模化による非効率化が鮮明になり、代案としての小規模化やシンプル化が浮上してくる。その要因は、地球上のエコロジー面から制約を受けること、植物や動物の生存環境が過密状態になると、種の保存のために自然淘汰の原理が働き、正常な環境条件が取り戻される。つまり、どんなにあがいても強がっても、自然の摂理を凌駕することはできず、本来の制約条件に包み込まれてしまう認識の大切さである。

また、これまで述べてきた、経営の革新が進めば進むほどスリム化が進む流れも同様であり、必然的に適度な形に収束していくことである。このことは、高度なセンサー技術やメガ情報活用による資源の有効活用、知的資源の分野を超えた複合的利用と人工知能ロボットなど、IOT化を起点にしたスマート経営への移行態勢が確かなものになり、新たなビジネス活動へのイノベーションが活発化している。これこそ、従来の枠組みを超えたビジネスパターンとして、経済活動や企業活動をリードしてくれることだろう。

そして現実論として、ここまで科学技術の発展と企業活動の成熟化が進んでくると、社会生活も経済活動全般においても、個の尊重と対等意識のもとに、自由な意識と自律的に参画できるビジネス環境が重要なテーマとして再認識され、現実的なパターンとして追認されなければ、現状までの進化の意義が薄れてしまう。また、国境や産業間の壁も実態的に取り外され、そこに横たわっていた弊害やエネルギーロスが取り除かれ、名実ともに、新しい進化のパターンを日々実感する状況が、巡ってくることだろう。そこには、シンプルで個人参加と思考意識の変革が織り込まれた、ビジネスパターンの新たな幕開けが、オープンでダイナミックな姿となって待ち構えている。

おわりに

振り返ってみると、ここまで資本主義制度が成熟化しても、企業活動はあくなき競争と技術革新に追われ、経営効率を高めるためコスト削減に翻弄され、新製品開発の継続と消費者意識を刺激しないことには、業績がたちまち落ち込むことの繰り返しであることを、改めて思い知らされる。また、科学も文化も社会生活も、最終的に共通の物差しである貨幣尺度で推し量られ、優劣を判定する仕組みとして周知され、統一的活用手段として定着している。一方で、総合的な科学技術の発展により、交通手段の発達や情報システムの普及など、日常生活の質を飛躍的に向上させ、生活スタイルも思考パターンそのものさえも大きく転換させてきた変転ぶりには、素直に驚きとともに先駆者の努力に頭が下がる思いを隠せない。

そして今、世界的に関心を集めているビッグデータやＩＯＴの刺激的な動向から考えると、これまで以上に急速な展開が予想され、ビジネス環境も社会環境もヒートアップし先鋭化されていく。その中身が、直線的な変革ばかりではないものの、時代のニーズを先取りする形として進化していくのは、間違いないと考えられる。ただ、急速な変化は避けてほしいとの気持ちを、全面的に否定することはできそうにない。幸い、最近の動きは、これまでの過大な経済発展の反省を踏まえて、自然への回帰やゆとりのある環境づくりをめざす声が多くなっているのは、歓迎すべき動きといえよう。

つまり、ものに関しては科学技術の向上を通じて、限りなく進化を持続することは可能であるのに対して、精神面に関する事柄は常時揺れ動く不安定な対象であるだけに、時間差による変化の度合いは微々たるものに過ぎないことから、独自のフォローアップが必要になることは、明白だからである。それだけに、これまで以上に、英知を集めネットワークを有効活用し、国境を超えて相互に主体的役割を果たすために連携し、意味のある橋頭堡を強固にしていく、絶好のチャンスが到来していると期待したい。

その橋渡し役として歓迎される要因の一つが、産業活動を停滞させることなく、有用なパターンに転換させるための、巨大情報の経営資源化を起点にした、ものに情報を付与し、資源の有効活用やエネルギーロスを減少させ、地球環境に負荷を与えない取り組みへの期待ではないだろうか。そして並行的に必要とされるのが、こととしてのサービスや、もてなし、思いやりや人間味、そして、切り離すことのできない自然とのかかわりを大切にし、日常生活の質的満足度を高める積極的枠組みづくりの必要性である。つまり、これまでの成長一辺倒による、物事へのかかわり方、考え方を転換させ得る要件が、本質的に整ってきたことへの期待感なのだと、推察することができよう。

それに加えて、科学技術の飛躍的前進により、物的金銭的崇拝傾向から、個の意識が前面に押し出され、信頼関係と相手への配慮が優先され、精神的安定とゆとりのある人間関係を導き出し、本来の意味での豊かな社会の到来を確かなものにする、絶好のチャンスを迎えていると補足したい。

しかしながら、最先端のハイテク技術を搭載しているトマホークの、ピンポイントミサイル攻撃さえも、誤爆を防ぐことはできない。そこには、与えられた条件はすべて変化するため、この世には、完全無欠なことなど理想でしか存在しないことを、いみじくも物語っている。まして、天気予報もどきの景気動向を見定めようとしても、標的は矛盾に満ちた不特定多数の当事者と、流動的でかつ絶えず揺れ動く対象なのだから、ある時点における直近的な予測数値に頼るしか、対策は立てられそうにない。

それだけに、企業の長期見通しも的確な経営判断を下そうにも、簡単に答えが出せるはずもなく、苦労を強いられるのは無理からぬ話でもある。ここでの、各種の経営パターンに関しても、過去のことはそれなりにまとめることができても、将来の姿を見通すとなると、一筋縄で収まる相手ではないことが、ひしひしと迫ってくる感じである。特に、異質の発想転換と変化を求められる要素が多すぎて、決断するのに迷いが生じてしまうこと。そして、これまで以上にスピード感の違いが倍加され混迷さも深まることへの、ジレンマと苦しみへの対応策が求められることである。

そんな状況に、時折、自己矛盾によるもどかしさ、勇気づけの楽観論など取捨選択しつつ、何とか下山することができたと考えています。

一読願えれば感謝です。

最後に、誰でも何でも出版できる版元を標榜し、ユニークな洞察力と疲れを知らないイノベーターとして広角度から問題提起されている、日本地域社会研究所の落合英秋社長に感謝いたします。

平成28年5月

野澤宗二郎

著者紹介
野澤宗二郎（のざわ・しゅうじろう）

長野県生まれ。大学卒業後、企業の教育訓練計画や講座開発と運営並びに研修会講師、経営アドバイザーなどを務め、その後、大学教員として学校教育に携わる。現在、進化複雑性研究所主宰。
著書に『経営管理のエッセンス』『まんだら経営』『複雑性マネジメントとイノベーション』、共著に『販売促進策』『商店診断』など。

スマート経営《けいえい》のすすめ

2016年6月21日　第1刷発行

著　者　野澤宗二郎《のざわしゅうじろう》
発行者　落合英秋
発行所　株式会社 日本地域社会研究所
〒167-0043　東京都杉並区上荻1-25-1
TEL　(03)5397-1231(代表)
FAX　(03)5397-1237
メールアドレス　tps@n-chiken.com
ホームページ　http://www.n-chiken.com
郵便振替口座　00150-1-41143
印刷所　中央精版印刷株式会社

ISBN978-4-89022-183-7